FUNERAIS MISCIGENADOS
EGÍPCIOS GREGOS ROMANOS

Editora Appris Ltda.
1.ª Edição - Copyright© 2024 do autor
Direitos de Edição Reservados à Editora Appris Ltda.

Nenhuma parte desta obra poderá ser utilizada indevidamente, sem estar de acordo com a Lei nº 9.610/98. Se incorreções forem encontradas, serão de exclusiva responsabilidade de seus organizadores. Foi realizado o Depósito Legal na Fundação Biblioteca Nacional, de acordo com as Leis nos 10.994, de 14/12/2004, e 12.192, de 14/01/2010.

Catalogação na Fonte
Elaborado por: Josefina A. S. Guedes
Bibliotecária CRB 9/870

L797f 2024	Lobianco, Luís Eduardo Funerais miscigenados egípcios gregos romanos / Luís Eduardo Lobianco. - 1. ed. - Curitiba: Appris, 2024. 130 p. ; 21 cm. - (Ciências sociais. Seção história). Inclui referências. ISBN 978-65-250-4657-0 1. Egito - História - Até 640. 2. Ritos e cerimônias fúnebres. 3. Miscigenação. 4. Egípcios. 5. Gregos. 6. Romanos. I. Título. II. Série. CDD - 932.022

Livro de acordo com a normalização técnica da ABNT

Appris
editora

Editora e Livraria Appris Ltda.
Av. Manoel Ribas, 2265 - Mercês
Curitiba/PR - CEP: 80810-002
Tel. (41) 3156 - 4731
www.editoraappris.com.br

Printed in Brazil
Impresso no Brasil

Luís Eduardo Lobianco

FUNERAIS MISCIGENADOS
EGÍPCIOS GREGOS ROMANOS

FICHA TÉCNICA

EDITORIAL Augusto Coelho
Sara C. de Andrade Coelho

COMITÊ EDITORIAL Marli Caetano
Andréa Barbosa Gouveia - UFPR
Edmeire C. Pereira - UFPR
Iraneide da Silva - UFC
Jacques de Lima Ferreira - UP

SUPERVISOR DA PRODUÇÃO Renata Cristina Lopes Miccelli

PRODUÇÃO EDITORIAL Daniela Nazario

REVISÃO Débora Sauaf

DIAGRAMAÇÃO Andrezza Libel

CAPA Eneo Lage

COMITÊ CIENTÍFICO DA COLEÇÃO CIÊNCIAS SOCIAIS

DIREÇÃO CIENTÍFICA Fabiano Santos (UERJ-IESP)

CONSULTORES

Alícia Ferreira Gonçalves (UFPB)
Artur Perrusi (UFPB)
Carlos Xavier de Azevedo Netto (UFPB)
Charles Pessanha (UFRJ)
Flávio Munhoz Sofiati (UFG)
Elisandro Pires Frigo (UFPR-Palotina)
Gabriel Augusto Miranda Setti (UnB)
Helcimara de Souza Telles (UFMG)
Iraneide Soares da Silva (UFC-UFPI)
João Feres Junior (Uerj)

Jordão Horta Nunes (UFG)
José Henrique Artigas de Godoy (UFPB)
Josilene Pinheiro Mariz (UFCG)
Leticia Andrade (UEMS)
Luiz Gonzaga Teixeira (USP)
Marcelo Almeida Peloggio (UFC)
Maurício Novaes Souza (IF Sudeste-MG)
Michelle Sato Frigo (UFPR-Palotina)
Revalino Freitas (UFG)
Simone Wolff (UEL)

Aos meus pais, que me deram a vida e a felicidade de viver.

AGRADECIMENTOS

A Deus, que me deu a vida e me abençoa em tudo o que faço.

Ao meu pai que, por seu comportamento na vida, me ensinou a dignidade, o caráter e o amor ao trabalho.

À minha mãe, companheira de todas as horas e meu exemplo de como ser um professor.

Ao meu irmão, que me socorreu em todos os momentos de dúvida na T. I., com sua grande capacidade profissional.

À minha cunhada e a meus sobrinhos, pelo incentivo que sempre me deram.

Meu amor a todos.

Todas as culturas estão envolvidas entre si, nenhuma delas é única e pura, todas são híbridas, heterogêneas.

(Edward Said)

PREFÁCIO

O tema do encontro de culturas sempre foi um desafio aos historiadores de todos os tempos. Tal desafio se deve ao fato de ser exigido do pesquisador que se dedica ao tema um conhecimento, no mínimo, satisfatório sobre as culturas envolvidas, o que conduz a uma maior carga de leituras e pesquisas por parte do historiador que sobre elas escreve.

Tema antigo, como comprovam as evidências documentais e ainda muito presente nas sociedades atuais, o encontro de culturas nos desafia olhar para nós mesmos. As contínuas notícias sobre os deslocamentos de grupos humanos, o drama dos refugiados expulsos pelas guerras e situações de tragédia humana, nos fazem pensar sobre os diversos momentos históricos de contato entre diferentes realidades culturais e suas formas de interação. É nesse sentido que o antropólogo Claude Lévi-Strauss se sentiu desafiado a falar sobre as influências culturais mútuas entre diversas sociedades em seu clássico estudo sobre *Raça e História* de 1952 destinado a lutar contra o preconceito racista.[1]

> Para compreender como, e em que medida, as culturas humanas diferem entre si, se estas diferenças se anulam ou contradizem, ou se concorrem para formar um conjunto harmonioso, devemos em primeiro lugar traçar o seu inventário. Mas é aqui que as dificuldades começam, porque nós devemos aperceber-nos de que as culturas humanas não diferem entre si do mesmo modo, nem no mesmo plano. Estamos, primeiro, em presença de sociedades justapostas no espaço, umas ao lado das outras, umas próximas, outras mais afastadas, mas, afinal contemporâneas. (LÉVI-STRAUSS, 1975, p. 13).

Um outro pesquisador, dessa vez na área de história, apresentou-nos o tema em um estudo que se tornou um clássico para os historiadores da antiguidade que se confrontavam com a pro-

---

[1] LÉVI-STRAUSS, C. *Raça e História*. Lisboa: Editorial Presença, 1975. p. 13.

blemática das culturas diversas das sociedades antigas e o impacto cultural proveniente dessas interrelações, fossem elas de caráter pacífico ou não. A análise recaia sobre as sociedades grega, romana, céltica, judaica e persa em um período amplamente conhecido pela predominância do idioma grego nas relações entre os povos da atual Europa e do Oriente Próximo.

> O que desejo verificar é como os gregos vieram a conhecer e avaliar esses grupos de não-gregos em relação à sua própria civilização. Esperava encontrar interdependência, mas nenhuma uniformidade, na aproximação grega das diversas nações e na resposta dessas nações (quando identificável em nossos dados) à aproximação grega. O que não esperava encontrar – e o que de fato encontrei – foi um forte impacto romano sobre as relações intelectuais entre gregos e judeus ou celtas e iranianos assim que no século II a.C. o poder romano começou a ser sentido fora da Itália. A influência de Roma sobre as mentes daqueles que entraram em contato com ela foi rápida e forte. (MOMIGLIANO, 1975, p. 13).

O estudo de Arnaldo Momigliano[2] foi importantíssimo para o tema da chamada helenização, principalmente, ao evidenciar o cuidado que devemos ter com ideias pré-concebidas. De igual forma, o estudo do professor italiano, nos demonstrou a necessidade de um cuidado metodológico para com as fontes de forma a possibilitar uma análise segura das mesmas, garantindo conclusões cientificamente baseadas.

Nesse sentido, o presente estudo do professor Luís Eduardo Lobianco, amigo querido e de longa data, veio em um momento oportuno para contribuir com os estudos da história antiga no Brasil.

Além de apresentar as questões teóricas imprescindíveis para pensar o tema, atualizando o debate clássico, o professor nos oferece a publicação e a divulgação de fontes importantes para o público brasileiro que permitem um contato dos estudantes e pesquisadores com um material de primeira grandeza acessível em língua por-

---

[2] MOMIGLIANO, A. *Os Limites da Helenização*. Rio de Janeiro: Jorge Zahar Editor. 1975. p. 13.

tuguesa. A sua explicitação metodológica sobre as fontes também estimula o cuidado dos estudantes para com as análises documentais, bem como, permite aos profissionais da área seguir sua análise de forma simples e clara.

A escolha de fontes funerárias para uma análise sobre um tema tão necessário atualmente, revela-se uma sensível aproximação destas sociedades tão distantes de nós. Afinal, os ritos funerários são fruto de uma cultura e, devido à distância temporal, podem parecer-nos estranhos, mas o tema da morte e do preparo final dos restos mortais ainda é um momento em que todos os seres humanos se observam com uma compreensão mais universal. Apesar dos símbolos que diferem dos nossos, deixam entrever uma visão possível do que representa a vida humana, uma concepção sobre nossa própria existência e possibilitar esse diálogo com sociedades milenarmente afastadas de nós é um grande feito.

Nely Feitoza Arrais

Professora Adjunta do Departamento de Educação do Campo, Movimentos Sociais e Diversidade da UFRRJ.
Doutora em História Antiga pela Universidade Federal Fluminense sob a orientação do Professor Dr. Ciro Flamarion Santana Cardoso. Especialista em Egiptologia e professora de Língua Egípcia antiga e de História da Agricultura Mundial.

SUMÁRIO

INTRODUÇÃO 17

CAPÍTULO I
A CULTURA DO EGITO ROMANO: ROMANIZAÇÃO,
HELENISMO, EGIPCIANIZAÇÃO, HIBRIDISMO CULTURAL E
MULTICULTURALISMO 23

CAPÍTULO II
O PODER E A SOCIEDADE DO EGITO ROMANO: ETNIAS E
IDENTIDADES 33

Etnicidade 36

Etnia 37

Um nome coletivo 40

Um mito comum de origem 41

Uma história compartilhada 42

Uma cultura característica compartilhada 43

Uma associação com um território específico 44

Um sentimento de solidariedade 45

Identidades 45

As Iconografias Funerárias e suas Análises 47

CAPÍTULO III
OS SARCÓFAGOS COM O RETRATO DO MORTO 49

CAPÍTULO IV
AS MÁSCARAS MORTUÁRIAS 65

CAPÍTULO V
AS MORTALHAS 79

CAPÍTULO VI
AS ESTELAS FUNERÁRIAS 87

A psicostasia: a pesagem do coração *ib* com a pluma da deusa Maât 97

CAPÍTULO VII
OUTRAS ESTELAS FUNERÁRIAS 101

CAPÍTULO VIII
ALTOS RELEVOS DAS CATACUMBAS DE KOM EL-SHUGAFA (ALEXANDRIA) 115

CONCLUSÃO 121

ANEXOS
MAPAS 125

REFERÊNCIAS 127

INTRODUÇÃO

O tema desta pesquisa é a miscigenação entre as culturas egípcia, grega e romana, analisadas de acordo com as iconografias funerárias do Egito Romano seja do Delta do Nilo, seja do seu Vale.

A questão que me proponho como problemática é: houve uma miscigenação cultural no Egito Romano segundo suas iconografias funerárias?

A resposta será dada ao longo do desenvolvimento deste livro analisando 17 imagens mortuárias de todo o Egito Imperial (com os mortos) mais 1 (sem defunto, como será explicado no momento exato), todas estas 18 seguidas do "quadro de leitura e análise". Tudo será debatido na conclusão do presente livro.

Estas 18 iconografias desta pesquisa são estudadas a partir de um *Quadro de Leitura e Análise*, o qual deriva do método da *Análise de Conteúdo*. A explicação de cada um destes quadros, um para cada uma destas 18 imagens, tentará nos revelar e provar a miscigenação cultural presente junto a elas.

A explicação do funcionamento de todos estes quadros é dada logo abaixo e eu as aprendi no curso do Professor Doutor Ciro Cardoso, durante meu Doutorado.[3] Além disso, este docente baseou suas informações nas obras que tratam da Metodologia da Análise de Conteúdo.[4]

Todas as primeiras linhas de todos os Quadros são iguais, quer dizer, compostas de: *"Culturas"*, *"Categorias Temáticas"*, *"Unidades de Registro"* e *"Unidades de Numeração"*.

---

[3] CARDOSO, C. F. *Análise de Conteúdo*. Método Básico. Texto do curso de Métodos e Técnicas ensinado pelo Professor Doutor Ciro Cardoso. Niterói: Curso de Doutorado, Programa de Pós-Graduação em História da Universidade Federal Fluminense, 2000.

[4] BERELSON, B. *Content Analysis in Communication Research.* New York: New York University Press, 1952; GHIGLIONE, R. *et al. Manuel d'Analyse de Contenu.* Paris: Armand Colin, 1980; LASSWELL, H. D. *et al.* (org.). *Language of Politics.* Studies in Quantitative Semantics. Cambridge (Mass.): Massachusetts Institute of Technology Press, 1965; LUNDQUIST, L. *L'Analyse Textuelle,* Paris: CEDIC, 1983; REMY, J. *et al.* (org.). *Méthodes d'Analyse de Contenu.* Bruxelles: Facultés Universitaires Saint Louis, 1990; ROBERT, A. D.; BOUILLAGUET, A. *L'Analyse de Contenu.* Paris: Presses Universitaires de France, 1997. "Que sais-je" n. 3271.

As linhas seguintes, abaixo, são modificadas a partir de cada iconografia analisada.

As *"Culturas"*, na primeira coluna, mostram as três com as quais trabalhamos nesta pesquisa: a egípcia, a grega e a romana.

As *"Categorias Temáticas"*, na segunda coluna, nos fazem ver os temas que aparecem majoritariamente em cada iconografia analisada.

As *"Unidades de Registro"*, na terceira coluna, são as palavras ou o conjunto de palavras que se conectam às Categorias Temáticas.

Finalmente, as *"Unidades de Numeração"*, na quarta coluna, indicam os números das Unidades de Registro na mesma linha e, consequentemente, os temas (Categorias Temáticas), também na mesma linha, que aparecem em sua maioria na descrição de cada iconografia. Portanto, a partir da Unidade de Numeração, passando pela de Registro, saberemos quais são os temas e as culturas mais presentes em cada imagem estudada.

A partir deste ponto poderemos analisar cada iconografia funerária desta pesquisa.

Retornando às fontes iconográficas, é necessário informar que com relação àquelas que serão analisadas pelos Quadros mencionados acima, trata-se de cinco tipos: *a) 4 sarcófagos com os retratos dos mortos; b) 4 máscaras mortuárias; c) 2 mortalhas; d) 7 estelas funerárias e e) 1 alto-relevo de uma catacumba de Alexandria.*

O objetivo deste livro é, por conseguinte, constatar o grau de miscigenação entre as culturas acima mencionadas, analisando as 18 iconografias funerárias aqui apresentadas (17 com os defuntos e a 18ª será explicada no momento preciso desta obra).

É claro que há um imenso número de imagens mortuárias que são oriundas do Egito Romano, todavia, eu não as escolhi porque elas não nos permitem ver a possibilidade de uma miscigenação cultural. Portanto, eu só selecionei as iconografias funerárias nas quais são viáveis tentar provar a existência de uma miscigenação entre as culturas egípcia, grega e romana, que cercam a morte e o ambiente de seus artefatos funerários.

A razão do objetivo desta pesquisa, mencionado acima, é meu interesse em descobrir o grau de miscigenação cultural no Egito Romano, o terceiro período da história egípcia. O primeiro foi o faraônico (por volta do fim do IV milênio a.C. até a conquista alexandrina em 332 a.C.); o segundo, o Ptolomaico, Lágida ou Helenístico[5], desta data até a chegada de Otávio em Alexandria (30 a.C.), e o terceiro, o Romano (aquele que nos interessa neste estudo), de 30 a.C. até 395 d.C., o ano da morte do Imperador Teodósio Magno, que reconheceu o cristianismo como a única religião oficial do Império Romano.

No Egito Romano, portanto, há o substrato das culturas faraônica e grega às quais se soma a chegada da romana. Nas iconografias funerárias de diversas regiões do Egito, no período da dominação imperial, observaremos aspectos dessas três culturas, às vezes somente duas entre elas, como veremos analisando as fontes desta pesquisa, a partir dos Quadros mencionados acima, quando eu informarei de onde e de qual época vieram as iconografias mortuárias.

Nas fontes deveremos prestar nossa atenção aos defuntos, seus nomes, vestimentas, penteados e a presença religiosa, sempre faraônica como nós verificaremos. Os cinco suportes funerários deste estudo, eu os repito, são: a) sarcófagos com os retratos dos mortos, b) máscaras mortuárias, c) sudários (ou mortalhas), d) estelas funerárias e e) alto-relevo nas catacumbas de Kom el-Shugafa, em Alexandria, todos terão a possibilidade de nos revelar e provar a miscigenação cultural a qual eu procuro neste trabalho.

Este é o caminho por onde meus pés andarão nesta pesquisa e eu espero mostrar aos leitores boas conclusões, no que concerne ao título e ao tema deste estudo.

É necessário registrar aqui que vários autores trataram da iconografia funerária do Egito Romano, a morte, o reflexo das interações culturais múltiplas e a romanização (Fanny Firon)[6], o

---

[5] Ptolomaico por causa do primeiro rei desta dinastia, Ptolomeu I. Igualmente é chamado Lágida, porque Ptolomeu I é filho de Lagus. Este período pode também ser denominado Helenístico, pois ele se trata da época na qual a cultura helenística (a grega clássica + as culturas próximo orientais) dominou o Egito.

[6] FIRON, F. *La Mort en Égypte Romaine*. De l'encadrement par le pouvoir romaine à la gestion personelle (de 30 av. J.-C. au début du IVème siècle apr. J.-C.). Milão: Silvana Editorial, 2020.

mundo egípcio-romano e o greco-romano, como mundo multicultural (Bernard Legras)[7] e, por exemplo, os gregos e os romanos no Egito (Pascale Ballet)[8]. Um outro livro trata de retratos funerários do Egito Romano com relação às cartonagens, mortalhas e madeiras (Aubert, Cortopassi, Nachtergael *et al.*)[9].

Se tomarmos estes quatro livros da historiografia francesa, todos excelentes trabalhos, muito bem elaborados, nos daremos conta, por exemplo, que o livro de Bernard Legras não tem imagens e aquele de Fanny Firon, ao contrário, nos traz muitas imagens mortuárias, entretanto, sem serem acompanhadas de uma metodologia de análise do conteúdo dessas iconografias, tal qual eu faço com as minhas mais abaixo. Além disso, pode-se igualmente mencionar outro livro relevante, resultado de uma exposição concebida e realizada pelo Museu de Arqueologia Mediterrânea em Marselha (O Egito Romano. O outro Egito)[10], o qual traz muitas imagens, ali incluídas funerárias, com suas perfeitas descrições e explicações, contudo, sem mais uma vez empregar o método de Análise de Conteúdo de suas iconografias. Enfim, o livro de Aubert, Cortopassi, Nachtergael *et al.* Tem uma imensa quantidade de iconografias funerárias, entretanto, igualmente sem os Quadros de Leitura e Análise do método de Análise de Conteúdo para explicar, em detalhes, os componentes das imagens mortuárias.

Outros livros em inglês como o de Susan Walker e Morris Bierbrier[11] nos trazem, igualmente, uma quantidade imensa de imagens mortuárias, embora muito descritas e explicadas, mas novamente, sem um método de análise como os quadros que eu elaborei para o objetivo do meu trabalho. Eu também posso mencionar outros

---

[7] LEGRAS, B. *L'Égypte Grecque et Romaine*. Paris: Armand Colin, 2011.

[8] BALLET, P. *Grecs et Romains en Égypte*. Territoires, espaces de la vie et de la mort, objets de prestige et du quotidien. Cairo: Instituto Francês de Arqueologia Oriental, 2012.

[9] AUBERT, M. F. *et al*. *Portraits Funéraires de l'Égypte Romaine*. Cartonnages, Linceuls et Bois. Paris: Edições Kéops / Edições Museu do Louvre, 2008.

[10] *L'Égypte Romaine. L'autre Égypte*. Catálogo editado na ocasião da exposição *Egito Romano. O Outro Egito*, concebido e realizado pelo Museu de Arqueologia do Mediterrâneo em Marselha de 04 de abril até 13 de julho de 1997.

[11] WALKER, S.; BIERBRIER, M. *Ancient Faces*. Mummy Portraits from Roman Egypt. Londres: British Musem Press, 1997.

livros igualmente da historiografia inglesa que trazem as imagens funerárias, porém sem os quadros da metodologia da Análise de Conteúdo como, por exemplo, o de Christina Riggs[12], aquele de Judith Corbelli[13] e o de Jean-Yves Empereur[14].

Em resumo, há uma grande quantidade de obras com relação à morte no Egito Romano, ilustrados com uma imensa variedade de imagens mortuárias, porém entre os quais que eu consultei, eu não encontrei aqueles que trouxeram estas imagens seguidas de uma metodologia para analisar estas iconografias.

Esta é a questão da novidade de meu trabalho, no que tange a todos os livros acima citados, que é de apresentar as iconografias funerárias do Egito Romano seguidas dos Quadros de Leitura e Análise, que vêm do método da Análise de Conteúdo e que revelam a presença de aspectos, componentes todos separados, das culturas egípcia, grega e romana, nestas imagens, como nós veremos em seguida.

Há ainda duas questões a trabalhar nesta Introdução. Inicialmente, trata-se de saber como esta miscigenação foi realizada nas iconografias funerárias. Em geral, a religião (sobretudo os deuses) e a mitologia são faraônicas, tal qual os símbolos como as coroas por exemplo, e os defuntos têm normalmente penteados e vestimentas gregos ou romanos. Há casos nos quais nós não encontraremos uma das culturas clássicas, isto quer dizer, grega ou romana, todavia, quase sempre (há um sarcófago sem imagens faraônicas) veremos a cultura egípcia. É o que demonstraremos como resistência à romanização e à helenização do Egito.

E como saber a identidade de origem ou de aquisição dos mortos? Podemos descobrir por seus nomes, inscrições, epitáfios, vestimentas, penteados e divindades. A questão será saber se estes mortos são helenizados, romanizados ou egipcianizados.

---

[12] RIGGS, C. *The Beautiful Burial in Roman Egypt.* Art, Identity and Funerary Religion. Oxford: Oxford University Press, 2008.

[13] CORBELLI, J. A. *The Art of Death in Graeco-Roman Egypt.* Buckinghamshire – Reino Unido: Shire Publications, 2006.

[14] EMPEREUR, J.-Y. *Alexandria Rediscovered.* Londres: British Musem Press, 1998.

Poderemos responder estas questões na Conclusão, após analisarmos o conteúdo desta pesquisa.

Antes de avançar em direção às iconografias funerárias, que ilustram este trabalho, e as analisar da maneira que eu já expliquei, devo informar que além de saber se houve e em qual grau a miscigenação entre as culturas, egípcia, grega e romana, nas fontes deste trabalho, eu pretendo constatar, igualmente, o grau de romanização, de helenismo e de egipcianização destas imagens. Por isso é necessário conhecer esses três conceitos no primeiro capítulo desta obra.

Em seguida, nós avançaremos, finalmente, em direção às análises das iconografias funerárias para atingir o objetivo desta obra e para ter as respostas na Conclusão desta pesquisa.

CAPÍTULO I

A CULTURA DO EGITO ROMANO: ROMANIZAÇÃO, HELENISMO, EGIPCIANIZAÇÃO, HIBRIDISMO CULTURAL E MULTICULTURALISMO

Fanny Firon[15] nos explica tão claramente a noção de romanização, que eu decidi transcrever suas palavras:

> A romanização, conceito ao redor do qual as discussões são numerosas, não é um processo uniforme. Longamente visto desde o fim do século XIX sob o prisma do conceito de colonização conectado com um nacionalismo afirmado (notadamente em um contexto pós-colonial e de imperialismo ocidental), ele foi utilizado pelos historiadores para colocar inicialmente a finalidade política ou as mudanças sociais e as mudanças culturais introduzidas por Roma ao mesmo tempo que sua conquista territorial. Há alguns anos, outros conceitos tais como aqueles de hibridismo e de mistura [...] e de multiculturalismo tentam circunscrever o impacto real da presença de Roma na Bacia mediterrânea. Qualquer que seja o conceito o mais operante e pertinente, podemos concordar sobre o fato de que o processo de romanização designa, no conjunto, o fato de adotar um modo de vida ou os usos romanos em seguida à integração de um território ao Império. Pode-se talvez impor pelo poder em vigor como resultar de uma atitude voluntária de integração ao Império [...].

Na realidade, a romanização é um caminho de mão dupla na medida em que a cultura romana chegava nas províncias do Império, ao contrário, as culturas nativas penetravam em Roma aí incluída a cultura egípcia, sobretudo a veneração à deusa Ísis, tal

---

[15] FIRON, F. *Op. cit.,* p. 145.

como nota-se, por exemplo, na literatura latina, mais precisamente na obra *Metamorfoses* ou o *Asno de Ouro* – *Assinus Aureus* – do escritor *latino Apuleio*, na qual a deusa Ísis, com sua magia, realiza a transformação do protagonista *Lucius* de um asno em um ser humano, novamente.

O culto isíaco fora do Egito em imenso número de lugares, nos mostra a difusão desta veneração no território de todo o Império Romano, como nos menciona de modo perfeito e com uma grande riqueza de detalhes, o Professor Laurent Bricault[16] em sua obra *Atlas da Difusão dos Cultos Isíacos (S. IV a.C. – S. IV d.C.)*, isto será demonstrado abaixo e quando eu tratarei da egipcianização.

Com relação ao helenismo, trata-se de um conceito criado por Johann Gustav Droysen, no século XIX, na sua obra *História do Helenismo* em original alemão *Geschichte des Hellenismus*[17]. São André Paul no seu livro *O Judaísmo Tardio. História Política* e Bernard Legras na sua obra *O Egito Grego e Romano*, que citam a definição de Droysen. De acordo com André Paul, mencionando Droysen, o Helenismo cobre o período que vai da vitória de Alexandre, o Grande, contra o Império Persa dos Aquemênidas (332 a.C.) até a batalha de Ácio (31 a.C.) e eu acrescento a queda de Cleópatra VII e Marco Antônio no ano 30 a.C. Para Droysen, o helenismo é a junção da cultura grega clássica com as culturas do Oriente Próximo. É, portanto, uma mistura cultural fundada sobre a cultura grega. Segundo Bernard Legras[18], o helenismo é *"comportar-se como grego"* ou ainda *"adotar os costumes gregos"*.

Por outro lado, de acordo com Bernard Legras[19] uma outra abordagem a qual se afasta da definição de Droysen, é aquela proposta desde o fim do século XIX por Wilhelm Spiegelberg[20], que sustentava a necessidade de *"cruzar as fontes"* e cuja metodologia foi chamada de *"Mischforschung – Pesquisa Mixta"*.

---

[16] BRICAULT, L. *Atlas de la Diffusion des Cultes Isiaques (IVe S. AV. J.-C. – IVe S. APR. J.-C.).* Mémoires de l'Académie des Inscriptions et Belles-Lettres. Tome XXIII. Paris: Diffusion de Boccard, 2001.

[17] DROYSEN, J. G. *Geschichte des Hellenismus apud* LEGRAS, B. *L'Égypte Grecque et Romaine.* Paris: Armand Colin, 2011, p. 164; PAUL, André. *O Judaísmo Tardio. História Política.* São Paulo: Paulinas, 1983. p. 93.

[18] LEGRAS, B. *Op. cit.,* p. 164.

[19] *Ibidem*, p. 165-166.

[20] SPIEGELBERG, W. *Griechische und aegyptische Eigennamen aus Mumienetiketten der römischen Kasezeit,* Leipzig, 1901 *apud* LEGRAS, B. *Op. Cit.*, p. 165-166.

A *egipcianização* é somente a manutenção da cultura faraônica durante o Egito Ptolomaico e Romano dentro e fora do Egito.

No Egito, veremos analisando as iconografias funerárias deste trabalho, que houve romanos e gregos os quais adotaram a cultura (sobretudo a religião e a mitologia) faraônica, nos seus artefatos mortuários. Fora do Egito nos damos conta da força e da veneração da deusa Ísis espalhada por vários lugares no Império Romano como nos ensinou e demonstrou de modo brilhante, o Professor Laurent Bricault[21].

Segundo o Professor Laurent Bricault nos damos conta lendo seu *Atlas da Difusão dos Cultos Isíacos (século IV a.C. – século IV d.C.)*, que desde a era Ptolomaica, e sobretudo durante a época romana, o culto e a veneração da deusa egípcia Ísis foi difundido à volta, sobretudo da Bacia Mediterrânea, contudo, igualmente do Mar Egeu, do Mar Adriático, da Península Ibérica, da Gália, da Germânia, da Britânia, da Itália e, sobretudo em Roma e também em Atenas. Trata-se de um estudo perfeito e completo de todos os lugares nos quais houve os santuários de Ísis. Professor Laurent Bricault realizou uma obra que deve estar ao menos em todas as bibliotecas de egiptologia no mundo inteiro, na realidade, em todas as bibliotecas universitárias. As regiões mencionadas pelo Professor Bricault são listadas abaixo, com riqueza de detalhes:

> Ática, Peloponeso, Beócia, Fócida, Eubeia, Grécia Central e Ocidental, Épiro, Ilhas Jônicas, Dalmácia Meridional, Macedônia, Mésia, Trácia, Dácia, Cíclades, Chipre e Creta, o Mar Negro, Ásia Menor Ocidental e Ásia Menor Meridional, Cilícia e Oriente Próximo, Cirenaica, Tripolitânia, África Pró Consular, Numídia, Mauritânia, Península Ibérica, Gália Aquitânia, Armórica, Germânia Magna, Gália Bélgica, Germânia Inferior, Gália Lionesa, Alpes Graios, Alemanha Superior, Alemanhas e Rhétie, Britânia, Nórica, Vênito, Ístria, Panônia, Dalmácia Setentrional, Gália Narbonense, Ligúria, Transpadânia, Itália Central, Itália Meridional, Sardenha, Sicília, Malta, Lácio, Campanha e Roma.[22]

---

[21] BRICAULT, L. *Op. cit.*, p. 1, 2001.

[22] Ver o mapa da Difusão dos Cultos Isíacos no Mundo Greco-Romano. Este mapa é publicado em: BRICAULT, L. *Op. cit.*, p. 1.

Portanto, o Professor Laurent Bricault nos prova que a egipcianização atingiu todo o Império Romano, fora do Egito. Eu só menciono que o caso da deusa Ísis, que foi difundida através de todo o Império, é suficiente para nos mostrar a força da egipcianização.

Se nós olharmos, com atenção, o mapa produzido pelo Professor Laurent Bricault com relação *"à difusão dos cultos isíacos no mundo greco-romano (século IV a.C. – século IV d.C.)"*, nós nos damos conta que a veneração da deusa Ísis fora do Egito teve lugar em Atenas e sobretudo na cidade de Roma (ver as bolas verdes grandes sobre Roma e as bolas vermelhas grandes sobre Atenas – Figura 1) que querem dizer, de acordo com o Professor Bricault, *"locais tendo fornecido ao menos 10 documentos isíacos"*. Isto significa que nas mais importantes cidades do Império Romano, aí incluída a cidade de Roma, no coração do Império, o culto de Ísis foi muito enraizado.

Figura 1 – Mapas dos Locais dos Cultos Isíacos na Época Romana[23]

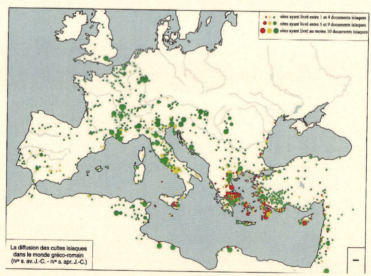

Fonte: BRICAULT, L. *Atlas de la Diffusion des Cultes Isiaques (IVe S. AV. J.-C. – IVe S. APR. J.-C.)*. Mémoires de l'Académie des Inscriptions et Belles-Lettres. Tome XXIII. Paris: Diffusion de Boccard, 2001, p. 1

---

[23] BRICAULT, L. *Op. cit.*, p. 1.

Uma prova da mistura entre a romanização, o helenismo e a egipcianização do Egito Romano, pode ser percebido no Papiro de Oxyrhynchus 3015, que se chama *"Fragmentos de Registro da Corte"*[24]. Trata-se de uma sentença escrita pelo Prefeito romano do Egito (que tinha função de juiz) *Sulpicius Similis*, com relação a um testamento grego no começo do século II d.C. durante o reinado de Trajano (98 – 117 d.C.).

Em realidade, a mistura pertence a este papiro. O juiz é um Prefeito romano (romanização), a sentença é escrita em grego (helenismo) e no fundo, trata-se de direito grego (helenismo novamente). Entretanto, ele menciona *"a lei dos egípcios"* (egipcianização?) tal como veremos abaixo pelo texto deste papiro (a decisão do Prefeito):

> "[...] κάλλιστόν ἐστιν αὐτοὺς δικ]αιοδοτεῖν π[ρό]ς τοὺς Αἰγυπτίων νόμους [...]."[25] "[...] kállistón estin autoùs dik]aiodoteîn p[ró]s toùs Aigyptíōn nómous [...]".[26] "[...] é melhor que eles façam justiça de acordo com a lei dos Egípcios [...]."[27]

De acordo com P.J. Parsons[28], a sentença de POxy[29] 3015 preencheria a tese de Taubenschlag com relação à expressão *"οἱ τῶν Αἰγυπτίων νόμοι"* – *"hoi tō̂n Aigyptíōn nómoi"* – *"a lei dos Egípcios"*. Ele sustentou que esta expressão fazia referência a um novo código do século II d.C., que atingia todos os "egípcios" segundo a interpretação romana (ali incluído os gregos das metrópoles), quer dizer, Alexandria, Ptolemaida, Naucratis e Antinoopolis.

Portanto, na verdade essas "leis dos egípcios" seriam "as leis dos gregos". De fato, este papiro julgou um testamento grego. Assim, vemos que os romanos, neste caso o Prefeito *Sulpicius Similis*, considerariam os gregos como egípcios e isto teve lugar durante a época imperial visto que na era Ptolomaica, separa-se os egípcios dos gregos.

---

[24] *Fragmentos de Registro da Corte. The Oxyrhynchus Papyri / Papiro de Oxyrhynchus*. Volume XLII. Editado com tradução e notas de P.J.PARSONS. Londres: Egypt Exploration Society, 1974, p. 53-57.

[25] PARSONS, P. J. (edição, tradução e notas). *The Oxyrhynchus Papyri. Volume XLII*. Londres: Egypt Exploration Society, 1974, p. 55.

[26] Transliteração do alfabeto grego em caracteres latinos.

[27] Tradução do grego para português.

[28] PARSONS, P. J. (edição, tradução e notas). *Op. cit.*, p. 54.

[29] Papiros de Oxyrhynchus.

Este papiro, portanto, revela em um único documento do Egito Romano a romanização, o helenismo e, de um certo modo, a egipcianização.

É necessário ainda, neste capítulo, que eu trate de uma noção muito importante com relação à mistura cultural: hibridismo, que poderá mesclar as culturas egípcia, grega e romana nas iconografias funerárias deste trabalho.

Peter Burke em seu um livro *Hibridismo Cultural*[30], apresenta uma noção de tipo guarda-chuva, na qual há vários conceitos, por exemplo: a) "imitação e apropriação"; b) "estabelecimento e negociação"; c) "mistura, sincretismo e hibridismo"; d) "tradução cultural" e, finalmente; e) "empréstimo cultural", que é o conceito que eu emprego neste capítulo, porque este, a meu ver, serve muito bem às imagens deste estudo.

De acordo com Bernard Legras[31], duas outras noções foram empregadas para analisar os contatos interculturais entre gregos e egípcios. Elas são *"aculturação"* e *"transferência cultural"*. Com relação à primeira, a Professora Françoise Dunand[32] defende que esta "noção é por vezes contestada". A segunda é um bom conceito, embora eu prefira o "empréstimo cultural" tal como veremos abaixo, a razão desta preferência.

Com relação à *"aculturação"* estou de acordo com a Professora Dunand. De fato, trata-se de uma noção contestada. A meu ver, não podemos pensar no fim de uma cultura para ser substituída por uma outra, mesmo que seja do poder dominante. No caso deste trabalho, a *"aculturação"* teria anulado a milenar cultura faraônica, muito mais antiga do que a romana, para ser substituída por esta. Veremos, de acordo com a análise das iconografias funerárias deste trabalho, que a cultura egípcia, ao contrário, foi mantida, portanto, ela resistiu à romana e igualmente à grega.

---

[30] BURKE, P. *Hibridismo Cultural*. São Leopoldo: Editora UNISINOS, 2006.

[31] LEGRAS, B. *Op. cit.,* p. 169.

[32] DUNAND, F. *Grecs et Egyptiens en Égypte Lagide. Le problème de l'acculturation, dans Modes de Contacts et Processus de Transformation dans les Sociétés Anciennes*. Pisa, Roma, 1983, p. 45-87.

Voltemos a Peter Burke[33], o qual nos informa que embora a noção de "empréstimo cultural" tenha sido

> [...] várias vezes um termo pejorativo [...] isto é significativo, certamente, significativo que o termo "empréstimo" tenha adquirido um sentido mais positivo na segunda metade do século XX.

Burke menciona um dos maiores membros da Escola dos Annales, Fernand Braudel[34], que descreveu o empréstimo cultural como: "[...] para uma civilização, viver é ao mesmo tempo ser capaz de dar, de receber, de emprestar". Isto quer dizer que as iconografias analisadas neste trabalho podem estar sob o manto de um empréstimo cultural. Dá-se, recebe-se e, finalmente, empresta-se componentes de uma cultura à outra (egípcia, grega e romana).

Com relação ao conceito de empréstimo cultural, Burke igualmente menciona um dos escritores da teoria pós-colonial dos anos 1970, Edward Said[35], o qual sustenta que "A história de todas as culturas é a história do empréstimo cultural". Portanto, de acordo com Said, pode-se tentar justificar o empréstimo de uma cultura à outra (novamente egípcia, grega e romana) nas imagens mortuárias estudadas neste trabalho.

É necessário ainda mencionar, que o *empréstimo cultural* é uma das noções (para mim a melhor) do conceito de hibridismo cultural tal qual nos demonstra Burke no seu livro citado acima. Há vários outros como já foi apresentado. Escolhi para o meu trabalho a noção de *empréstimo cultural* baseada, sobretudo, nas escolhas de Braudel e Said.

Portanto, pode-se afirmar que há o *empréstimo cultural* nas iconografias funerárias analisadas nesta obra, tanto quanto há romanização, helenismo e egipcianização dessas imagens.

Contudo, veremos em detalhes, componentes de cada cultura mencionada acima em cada iconografia mais adiante, seja nos sarcófagos com retratos dos defuntos, as máscaras mortuárias, as mortalhas, as estelas funerárias e alto relevo para chegar ao objetivo de meu trabalho.

---

[33] BURKE, P. *Op. cit.,* p. 43.

[34] BRAUDEL, F. *apud* BURKE, P. *Op. cit.,* p. 43-44.

[35] SAID, E. *apud* BURKE, P. *Op. cit.,* p. 43, 44.

A conclusão nos responderá isso, também porque certas pessoas gregas ou romanas decidiram adotar a religião, a mitologia e a cultura egípcia e, ao contrário, porque alguns egípcios adotaram as culturas clássicas (grega e romana).

Para terminar este capítulo, é necessário que eu mencione o *multiculturalismo* do Egito Romano. Bernard Legras[36] sustenta que, antes de tudo, com a chegada dos helenófonos, seguidos dos romanos, o Egito tornou-se, sem qualquer dúvida, uma *"sociedade multicultural"* composta de suas três principais etnias politeístas (egípcia, grega e romana), seguidas das duas monoteístas (judaica e cristã).

Neste trabalho, portanto, somente estudaremos as três principais politeístas. Este multiculturalismo será bem demonstrado na análise das iconografias funerárias nos capítulos que se seguem.

Com relação à historiografia do antigo Egito, Legras[37] nos informa muito claramente que:

> A grande questão que se apresenta aos historiadores é de determinar as modalidades, as formas e a importância das relações interculturais do Egito grego e romano. Ela alimenta desde o século XIX um debate historiográfico que permanece largamente aberto, tanto para o Egito ptolomaico, quanto para o Egito província imperial romana.

No caso desse trabalho, são analisadas as relações interculturais do Egito Romano, entre egípcios, gregos e romanos (politeísmo). Essas interações nos revelam uma província na qual a maioria dos habitantes eram ainda egípcios, continuação daqueles da época faraônica. Os gregos são a maior parte dos vindos depois da conquista de Alexandre (331 a.C.), e na época imperial constituem cerca de 30% da população, a maioria desta sendo de egípcios e os romanos somente eram funcionários burocráticos e soldados que ocupavam o país.

A prova da interação cultural é bem visível nas imagens mortuárias analisadas neste estudo. Os quadros (tabelas) de leitura e análise, que analisarão cada iconografia funerária, nos mostrarão a presença, simultaneamente, dessas três culturas e sempre uma é mais

---

[36] LEGRAS, B. *Op. cit.*, p. 163.

[37] *Ibidem*, p. 164.

significativa do que as outras. Normalmente, será a cultura egípcia a mais presente, o que nos demonstra um modo de resistência cultural face ao domínio romano.

Tratando-se de "resistência", Bernard Legras[38] menciona a romanização no Egito, com relação à adesões tanto quanto de "resistências" a Roma. Devo repetir que o cerne desse trabalho é composto pelas iconografias funerárias do Egito Romano, as quais reforçam a "resistência" da cultura egípcia que foi adotada por gregos e romanos que habitavam e morreram no Egito, tal qual estudaremos nos capítulos seguintes. Entretanto, a adesão à romanização ocorreu também quando, por exemplo, vemos os retratos dos defuntos sobre seus sacórfagos, sempre com uma aparência romanizada. Tudo será demostrado mais abaixo. Isto prova o multiculturalismo no Egito Romano porque há igualmente elementos gregos nestas imagens funerárias, como as inscrições.

É, ainda, Bernard Legras[39] que nos coloca uma questão muito essencial no que concerne à religião: *"sincretismo ou coexistência"*? As imagens mortuárias desta pesquisa nos provarão que houve uma coexistência no campo religioso. Em realidade, o que veremos serão os mortos que não adotaram a religião egípcia (um só caso) ou continuaram a se fazer representar como gregos e romanos. Se podemos falar de *"coexistência"* isto não será de um aspecto ritual de uma cultura ao lado da outra. A religião egípcia domina as imagens. A *"coexistência"* ocorre, de acordo com estas iconografias mortuárias, consideradas entre as indumentárias, os penteados e os retratos dos defuntos (em geral romanizados e às vezes helenizados) com os deuses faraônicos.

A meu ver, não há sincretismo nas iconografias funerárias, ponto central deste trabalho, contudo, com relação a esta noção (sincretismo) é muito interessante perceber-se as aproximações que foram feitas entre as divindades gregas e egípcias chamadas *"rovaretativo graeca"* tal como é citada por Bernard Legras: *"Apolo é Hórus"*, *"Ártemis é Bastet"*, *"Atena é Neith"*, *"Deméter é Ísis"*, *"Dionísio é Osíris"*, *"Hephesto é Ptah"*, *"Typhon é Seth"*, *"Zeus é Amon"*. Os romanos

---

[38] *Ibidem*, p. 168.

[39] *Ibidem*, p. 175-176.

fizeram a mesma *"rovaretativo"* entre seus deuses e os dos gregos. Legras[40] afirma que os gregos não abandonaram seus deuses, os quais foram levados ao Egito, entretanto, não vemos isso nas imagens aqui analisadas.

No entanto, o que é constatado após examinarmos, com detalhes, ao menos as iconografias funerárias deste estudo, é que os gregos adotaram os deuses faraônicos que aparecem nas imagens ou não adotaram divindade alguma. Não creio que haja *"rovaretativo"* nesse caso.

Concordo com Legras[41] quando ele sustenta que os gregos e os egípcios não perderam "[...] sua identidade cultural [...]". Na realidade, quando nas imagens dos capítulos seguintes veremos, por exemplo gregos e mesmo romanos que adotaram a religião egípcia, isto não significa que eles abandonaram suas identidades culturais, eles não se metamorfosearam em egípcios. Eles continuaram a serem gregos e romanos e podemos constatar isso por suas aparências (sobretudo as indumentárias e os penteados), assim como seus nomes, embora nós possamos observar egípcios que adotaram nomes gregos, como nos ensina a Professora Françoise Dunand[42] e nós veremos depois.

Portanto, este capítulo nos serviu para mostrar que os egípcios, os gregos e os romanos mantiveram suas identidades culturais, sobretudo egípcios e gregos como nos diz Legras.[43]

As imagens mortuárias dos capítulos seguintes não provam o abandono de suas essências, suas naturezas, pelo contrário, o aumento, a adoção de seus aspectos religiosos de suas iconografias funerárias, exemplos de multiculturalismo no Egito Romano.

---

[40] *Ibidem*, p. 176.

[41] *Ibidem*, p. 178.

[42] DUNAND, F. *Le matériel funéraire*. Égypte Romaine. L'autre Égypte. Marselha: Catálogo editado por ocasião da exposição *"Égypte Romaine. L'Autre Égypte"*, concebida e realizada pelo Museu de Arqueologia Mediterrânea, em Marselha, 1997. p. 142.

[43] LEGRAS, B. *Op. cit.* p. 178.

CAPÍTULO II

O PODER E A SOCIEDADE DO EGITO ROMANO: ETNIAS E IDENTIDADES

O objetivo deste capítulo é demonstrar e debater as três mais importantes etnias politeístas do Egito Romano, quer dizer: egípcia, grega e romana, assim como as identidades de origem e de aquisição com relação à população destas três etnias do Egito imperial, a partir das fontes iconográficas funerárias, que serão analisadas em detalhes adiante, nos outros capítulos específicos para esse intuito, eu reforço: sarcófagos com os retratos dos mortos, máscaras mortuárias, sudários, estelas funerárias e os altos relevos de catacumbas.

Antes de tratar dos conceitos de etnicidade, etnia e identidade com relação aos egípcios, gregos e romanos, a meu ver é importante estabelecer ao menos em resumo, a estrutura política do Egito Romano a partir do reino de Augusto (começo do Império Romano no fim do século I a.C.). De acordo com Alan K. Bowman[44], o Egito foi uma província absolutamente diferente das outras do Império Romano, as quais tinham como governadores os senadores romanos, a partir de 27 a. C. indicados seja pelo Senado, seja pelo Imperador. Augusto elaborou um *status* político diferente com relação ao Egito, o principal foi a criação da função de governador vice-real (chamado de *Praefectus – Prefeito*) da ordem dos cavaleiros, jamais senadores os quais, aliás, eram proibidos de entrar no Egito sem autorização do imperador. Além disso, vários chefes do Estado romano visitaram o Egito, como por exemplo Augusto, Adriano e Settimio Severo.

---

[44] BOWMAN, A. K. *Egypt after the Pharaohs. 332 B.C.* – AD 642 from Alexander to the Arab Conquest. Londres: British Museum Press, 1986. p. 37.

O governador (o Prefeito) era a mais alta autoridade do Egito estando somente abaixo do imperador. Podemos rova-lo se pensarmos no Papiro de Oxyrhynchus 3015, já estudado acima, e o Prefeito *Sulpicius Similis* o qual tinha o poder para proferir as sentenças em um julgamento.

Ainda, segundo Bowman[45], a organização burocrática do Egito Romano é apresentada tal qual a seguir: no topo, totalmente sozinho com plenos poderes, o Prefeito, a mais alta autoridade no Egito imperial, somente abaixo do imperador e o representando nesta província. O segundo escalão era composto pelos seguintes funcionários, todos romanos: *"o Iuridicus" (o conselheiro das leis); "o Grande Sacerdote" (administrador dos templos); "o Dioiketes" (oficial das finanças); "o Idios Logos" (o contador privado); "o Procurador" (administrador das finanças)* e *"os comandantes militares".* Enfim, na terceira linha de poder romano sobre o Egito, havia *"os epistrategoi" (quatro administradores regionais).*

Portanto, nos damos conta de que os primeiros escalões do governo do Egito romano eram compostos por romanos da ordem equestre. Sem egípcios. Aliás, com relação ao clero indígena, a Professora Françoise Dunand[46] nos ensina que ele perdeu seu poder de outrora, afirmando que: *"na época imperial: um clero silenciado e resignado."*

No que tange ao tecido social egípcio, na época imperial, de acordo com Maurice Sartre[47], a população do Egito, quando da conquista romana, era entre 7 e 8 milhões de habitantes. Este mesmo autor informa como era composta a sociedade desta província de Roma.

Inicialmente, o autor menciona os *cidadãos romanos.* Ele indica que embora todos tivessem direitos e privilégios iguais, eles não formavam um grupo homogêneo porque eram divididos em: a) funcionários que tinham vindo de fora do Egito; b) gregos que eram cidadãos romanos e; c) os militares. Certamente eles eram a elite desta sociedade tão plural.

---

[45] *Ibidem*, p. 67.

[46] DUNAND, F.; ZIVIE-COCHE, C. *Hommes et Dieux en Égypte. 3.000 aC* – 395 pC. Anthropologie Religieuse. Paris: Edições Cybèle, 2006. p. 281.

[47] SARTRE, M. *L'Orient Romain*. Provinces et Societés Provinciales en Méditerranée Orientale d'Auguste aux Sévères (31 av. J.C. – 295 apr. J.C.). Paris: Edições do Seuil, 1991. p. 423-426.

Os primeiros ocupavam as funções da alta e média administração romana, tal como acabamos de apresentar acima e eles moravam em Alexandria e em outras metrópoles importantes, tratava-se de outras três: Ptolemaida, Naucratis e Antinoopolis (esta aqui construída pelo imperador Adriano, portanto, no século II, entre os anos 130 a 131 d.C., em honra ao jovem grego Antinoo, afogado no Nilo). Em seguida, Sartre nos fala dos gregos, que viviam, sobretudo, em Alexandria e que tinham obtido muito cedo a cidadania romana. Em relação aos soldados, o exército romano, no Egito, chegava a cerca de vinte mil homens, que vieram em sua maioria de províncias romanas do Oriente, a partir do século I d.C. e do Egito no século seguinte. Entretanto, os soldados eram somente romanos. Os habitantes das metrópoles automaticamente recebiam a cidadania romana no momento de sua entrada no exército do império.

O segundo grupo era composto pelos gregos. Sartre[48] os menciona como cidadãos de três e de depois quatro cidades gregas, já mencionadas acima. Antinoopolis era, portanto, aparentemente uma cidade romana, na realidade, habitada por gregos. De acordo com este autor, esses gregos tinham certas vantagens fiscais. Havia um segundo grupo de gregos, os que habitavam a χώρα – chõ'ra, a região rural, sobretudo o Fayum[49] e a cidade de Oxyrhynchus[50]. Os direitos desses gregos da χώρα – chõ'ra não eram muito grandes.

Finalmente, Sartre[51] informa, no que concerne aos indígenas (locais), que os originais do país eram os egípcios na sua maioria e que ali habitavam antes da conquista romana, ou seja, a população descendente da época faraônica. Havia também uma importante comunidade judaica na cidade de Alexandria até o ano 115 d. C., quando perderam uma revolta iniciada na Cirenaica e que atingiu Alexandria. Os judeus alexandrinos foram trucidados pelo exército

---

[48] *Ibidem*, p. 427-428.

[49] Oásis a oeste do Nilo cujas adjacências tinham importantes cidades, como Hawara, por exemplo, e de onde vêm os célebres Retratos romanos do Fayum, pinturas especialmente dos rostos dos mortos nos seus sarcófagos. Este oásis encontrava-se aproximadamente a 200 km ao sul do Delta e, portanto, no Médio Egito (ou por alguns autores já no Alto Egito).

[50] A cidade, ao sul do Fayum (no Médio Egito), de onde vieram milhares de papiros escritos na sua maioria em grego cujos temas eram os mais variados e publicados pela Egypt Exploration Society de Londres.

[51] SARTRE, M. *Op. cit.,* p. 429-430.

romano sob as ordens do imperador Trajano. Esta foi a segunda revolta judaica contra o poder romano. As outras duas ocorreram na Judeia (a primeira de 66 a 73 d.C.) relatada pelo historiador judeu e cidadão romano Flávio Josefo. No verão do ano 70, os romanos incendiaram o segundo Templo de Jerusalém e a terceira revolta teve lugar entre 132 e 135 d.C. comandada por Bar Kochba. Os judeus perderam todos os seus levantes contra a opressão de Roma e foram expulsos da Judeia, que por ordem do imperador Adriano, em 135 d.C., mudou seu nome para Palestina, a terra dos filisteus.

Voltando ao Egito Romano, R.S. Bagnal[52] apresenta a divisão da sociedade egípcia tratando dos habitantes do Fayum. Ele lembra que esta região era composta de uma população mista: cerca de 30% era de gregos e o restante de egípcios. Este autor considera que no Fayum, talvez um microcosmo do Egito, houvesse mais gregos do que nas outras partes do país. Em uma iconografia funerária vinda do cemitério de Hawara, no Fayum, o sarcófago de um jovem egípcio mas com nome grego[53], Αρτεμίδωρε – Artemídōre, no seu retrato pintado romanizado, apresentava em todo o resto de seu artefato funerário várias imagens da religião e da mitologia faraônica. Trata-se de um defunto egípcio, como analisaremos no próximo capítulo.

Após ter sido mostrado, resumidamente, uma introdução do poder e da divisão da sociedade egípcia à época imperial, avançaremos em direção às questões que tocam este povo plural com os conceitos de etnicidade, etnia e identidade.

Etnicidade

Antes de falar de etnia e de identidade é necessário apresentar uma introdução escrita por Christina Riggs[54] com relação à etnicidade. De acordo com esta autora, para Roma, os habitantes do Egito que não eram cidadãos romanos ou das cidades gregas de Alexandria, Naucratis, Ptolemaida e Antinoopolis, eram todos

---

[52] BAGNAL, R. S. *"The Fayum and its people" In:* WALKER, S.; BIERBRIER, M. *Ancient Faces. Mummy Portraits from Roman Egypt.* Londres: British Museum Press, 1997. p. 18-19.

[53] Lembremo-nos dos ensinamentos da Professora Françoise Dunand já mencionados anteriormente.

[54] RIGGS, C. *Op. cit.,* p. 18-23.

simplesmente egípcios. Esta era uma denominação para as pessoas que viviam, seja nas metrópoles seja nas cidades, sem referência à descendência étnica. Portanto, compreendo que se trata da χώρα – chō'ra[55], ali incluídas as pequenas cidades, como por exemplo, aquelas do Fayum.

Durante o Egito Ptolomaico, os imigrantes gregos, sobretudo aqueles que se estabeleceram no Alto Egito (a χώρα – chō'ra), não eram em grande número e havia pouco da cultura helênica. Estes gregos se casaram com egípcias. A fronteira entre estes dois grupos era permeável.

Em resumo, sabe-se que enquanto os Ptolomeus sabiam quem eram os gregos e quem eram os egípcios, para os romanos todos os que habitavam o Egito eram geralmente chamados de egípcios, apesar deles saberem a diferença entre gregos e egípcios. Se forem lidas as leis do *Gnomon do Idiologus*[56], constata-se muito facilmente que Roma separava os gregos dos egípcios e de outras etnias locais.

Etnia

Segundo Christina Riggs[57], a etnia no Egito Romano foi cristalizada de um modo diferente da época Ptolomaica. A dicotomia entre gregos e egípcios que tinha sido motivada na língua materna e na reivindicação de uma pátria ancestral, parece não ter sido reconhecida na perspectiva romana, portanto, a maioria da população do Egito Romano era classificada como simplesmente "egípcios", como também já expliquei acima, com todos os detalhes mencionados por mim.

Segundo o etnólogo Anthony D. Smith[58] **há seis elementos, os quais ele chama** "os componentes da etnia", que são: a) *um nome coletivo*; b) *um mito comum de origem*; c) *uma história compartilhada*; d) *uma cultura característica compartilhada*; e) *uma associação com um território específico*; e finalmente, f) *um sentimento de solidariedade.*

---

[55] Todas as palavras em língua grega vieram de LIDDELL & SCOTT'S. *An Intermediate Greek-English Lexicon*. Oxford: Oxford University Press, 1997. As transliterações são feitas por mim.

[56] Papiros que contêm uma série de regras para os habitantes do Egito Romano.

[57] RIGGS, C. *Op. Cit.*, p. 22-23.

[58] SMITH, A. D. *The Ethnic Origins of Nations*. Oxford: Blackwell, 1986. p. 22-30.

a. **um nome coletivo:** de acordo com este autor[59], durante a história, este elemento é o ponto de identificação de uma etnia. Ele lembra que em geral não há etnia sem nome, portanto, o nome é o responsável para identificar um determinado grupo étnico que se reconhece entre eles por este nome coletivo. Por exemplo, um grego sabia muito bem se diferenciar de um "bárbaro", que falava outra língua e reverenciava outras divindades. Segundo Smith, entretanto, na África, pequenos grupos étnicos somente foram registrados por etnógrafos modernos que foram distinguidos estes grupos de outros, vizinhos, a partir do nome.

b. **um mito comum de origem:** Segundo Smith[60], um mito de origem tenta unir uma mesma comunidade. A explicação se faz presente porque eles têm uma proveniência de um mesmo lugar, de uma mesma época e de serem descendentes de um mesmo ancestral. É o caso dos romanos, por exemplo, que acreditavam serem originados de Rômulo, o qual segundo a tradição fundou a cidade de Roma em 753 a.C. Esta explicação, de acordo com Smith, reúne a ideia de viver em coletividade com aquela de compartilhar culturas similares, compondo o conceito de $\grave{\epsilon}'\theta\nu o\varsigma$ –éthnos.

c. **uma história compartilhada:** como ensina Anthony D. Smith[61], uma história corrente conecta as gerações que se seguem, cada uma dando suas próprias experiências e um tronco comum ou, em resumo, a sucessão histórica ajuda as experiências *posteriores*. É o caso, por exemplo, dos egípcios que viveram de modo similar durante quase três milênios, "a época faraônica". As modificações políticas, sociais, econômicas e culturais quase não existiram durante cerca de 3.000 anos.

---

[59] *Ibidem.* p. 22.

[60] *Ibidem,* p. 24.

[61] *Ibidem,* p. 25.

d. **uma cultura característica compartilhada:** este etnólogo[62] defende que as etnias são diferentes umas das outras a partir de elementos culturais, os quais ao mesmo tempo unem seus membros, igualmente os afastam dos estrangeiros. Anthony D. Smith considera que os pontos mais correntes desta cultura compartilhada são a língua e a religião, entretanto, também as leis, as instituições, os costumes, a indumentária, a culinária, a música, a arte e a arquitetura têm suas influências como elementos, seja de união, seja de separação das etnias. Volte-se ao caso do Egito. Os egípcios mantiveram sua religião e sua mitologia, por exemplo, durante os milênios faraônicos e mesmo depois, durante os períodos ptolomaico e romano de sua história.

e. **uma associação com um território específico:** o mesmo autor[63] sustenta que a etnia é sempre conectada a um território, o qual ela considera sua propriedade. O grupo étnico lá pode viver, contudo, isto não é obrigatório, quer dizer que este grupo não é obrigado a ter a possessão da terra. É o que é, de fato fundamental, é que haja um espaço geográfico simbólico, sagrado, como um domicílio, ao qual se possa embora de forma simbólica, voltar, mesmo que os membros desse grupo estejam em dispersão pelo mundo desde vários séculos. A etnia não perde sua essência quando seus membros estão espalhados por outros territórios, privados de seu domicílio, visto que a etnicidade é composta de mitos, memórias, valores e símbolos. Não é necessário possessões materiais ou o poder político e são seus dois últimos elementos que obrigam ter um lugar, um território para poderem ser postos em prática. Para o autor, o território é extremamente importante para a etnicidade visto que há uma simbiose entre a terra e seu povo. Aqui, o melhor

---

[62] *Ibidem*, p. 26.

[63] *Ibidem*, p. 28.

exemplo a ser mencionado é aquele dos judeus, que têm uma ligação histórica e bíblica com a terra de Canaã, depois Israel e Judeia, mas que durante vários séculos ficaram afastados de sua terra ancestral.

f. *um sentimento de solidariedade:* para terminar, Anthony D. Smith[64] demonstra que uma etnia, para além de ser ligada a todos os cinco tópicos acima citados, ela é igualmente uma comunidade com as noções precisas de identidade e de solidariedade. Neste caso, trata-se, sobretudo, de identidade de origem, a qual será tratada mais adiante. Embora eu tenha mencionado para cada um destes elementos acima os pequenos exemplos com relação às etnias romana, grega e egípcia, em seguida mostrarei mais profundamente como cada tópico criado por Anthony Smith pode ter exemplos mais enraizados.

Um nome coletivo

Todas estas três etnias são identificadas como pertencentes aos romanos, aos gregos e aos egípcios, respectivamente. Eles sabiam muito bem à qual etnia eles faziam parte, sobretudo por comparação aos outros. Por exemplo, os gregos, não importa a que *po/lij -pólis*[65] pertenciam, todos eles falavam a língua grega e veneravam, sobretudo, os deuses do Olimpo. Eles se chamavam gregos em oposição aos bárbaros (o outro, o estrangeiro fora do mundo grego). Os egípcios sempre tiveram uma ligação com sua terra e seu rio Nilo, a abundância de sua agricultura, falavam a língua egípcia, criaram a escrita hieroglífica e adoravam os mesmos deuses, sobretudo aqueles das três teogonias, em especial a de Heliópolis. Para terminar, os romanos, que se acreditavam descendentes de Rômulo, se identificavam com a sua língua, o latim, embora no Oriente se falasse grego e seus deuses fossem bem próximos às divindades gregas.

---

[64] *Ibidem,* p. 29.

[65] Cidade-Estado na Grécia arcaica e clássica.

Um mito comum de origem

Para os egípcios, segundo a sua mitologia, havia pelo menos três importantes narrativas com relação à cosmogonia[66] e à teogonia[67], a saber: a de Hermópolis, a de Memphis e a de Heliópolis. Prefiro empregar esta última por causa da sequência do nascimento de deuses específicos, incluindo Osíris e Ísis.

Esta mitologia (de Heliópolis) nos relata as seguintes cosmogonia e teogonia do Egito.

No começo, somente havia o *Nun* (o oceano inicial). Havia apenas a água e o caos. Desta água apareceu o primeiro deus (hermafrodita – masculino e feminino igualmente), o deus solar *Khepri-Rá-Atum*[68], especificamente *Atum*. Foi ele que emergiu do oceano. *Atum* gerou o primeiro casal de deuses, seus filhos *Chu* (o ar seco) e *Tefnut* (a umidade). Estes dois irmãos se casaram e, por sua vez, geraram o segundo casal de deuses *Geb* (o deus que representava a terra) e *Nut* (a deusa que simbolizava o céu – a abóboda celeste). Por fim, em cinco dias, que completaram o calendário egípcio de 365 dias, nasceram *Osíris, Ísis, Hórus o Antigo, Seth e Néfthis*.

Após ter matado seu irmão Osíris, Seth o esquartejou e Ísis e Anúbis recuperaram as partes do corpo de Osíris transformando-o em uma múmia. Em seguida, Ísis, em forma de falcão, ressuscitou Osíris somente para o mundo dos mortos, o mundo do Além, e ela gerou com ele o deus Hórus, o jovem, que depois de vários combates contra o seu tio e assassino de seu pai Seth, Hórus por fim tornou-se senhor das terras do Egito (Alto e Baixo). É por isso que o Faraó vivo é o deus Hórus e morto é o deus Osíris.

---

[66] Criação do mundo.

[67] Nascimento dos deuses.

[68] O deus do sol Rá, no Egito Faraônico, tinha três nomes diferentes, de acordo com o momento do dia. Na aurora ele se chamava Khepri (em forma de escaravelho). Ao meio-dia seu nome era Rá, o sol a pino, cheio de luz e de calor (em forma circular plena – o verdadeiro sol). Ao pôr do sol, ele se chamava Atum (em forma humana).

Veremos esta mitologia nos artefatos funerários deste trabalho e estes mitos são bem divididos e conhecidos por todos os egípcios, e mesmo gregos e romanos, que adotaram a cultura faraônica nos seus artefatos funerários.

No que concerne aos mitos comuns de origem grega, Mário da Gama Kury[69] relata que *Chrónos* era filho do casal *Urano* (que simbolizava o céu) e *Gaia* (que representava a terra). De acordo com este autor, *Chrónos* pertencia à primeira geração de divindades. Sua esposa era *Reia,* também sua irmã, como na mitologia egípcia *Ísis e Osíris.* Os mais importantes dos filhos de *Chrónos* e *Rea* eram *Dēmē'tēr* (a deusa da fertilidade, dos cereais e do trigo), *Hades* (o deus dos infernos), *Poseidon* (o deus do mar) e *Zeus* (o mais relevante dentre eles segundo Mário da Gama Kury[70] "o deus da luz, do céu").

Esta origem mitológica era bem difundida e conhecida por todos aqueles de etnia grega, aí incluídos os que habitavam o Egito.

Para terminar, falamos dos romanos. De acordo com Mário da Gama Kury[71], a sua mitologia nos relata que os gêmeos Rômulo e Remo eram filhos de Rea Silvia e do deus Marte e amamentados por uma loba. Depois Rômulo fundou Roma em 753 a.C. e matou o seu irmão Remo, segundo a tradição. Os romanos, igualmente, tinham conhecimento deste relato mitológico e se identificavam com ele.

Uma história compartilhada

A longa história de quase três milênios do Egito Faraônico deu aos egípcios uma história bastante compartilhada e no que concerne à política, à economia e, sobretudo, à cultura. Mesmo após os longos séculos faraônicos, durante o Egito Ptolomaico, a mitologia e a religião faraônicas sobreviveram totalmente, assim, como tiveram lugar durante o domínio romano.

---

[69] KURY, M. da G. *Dicionário de Mitologia Grega e Romana.* Rio de Janeiro: Jorge Zahar Editor, 2003. p. 96.

[70] *Ibidem*, p. 401.

[71] *Ibidem*, p. 349.

No que concerne aos gregos, suas histórias são bem marcadas por sua literatura, desde Homero, mas sobretudo, tendo seu apogeu no século V a.C. com os relatos históricos da Guerra Greco-Pérsica de Heródoto em sua obra "Histórias de Heródoto" e da Guerra do Peloponeso de Tucídides em "Histórias de Tucídides". A longa história grega desde Micenas até a época helenística conecta os gregos e forma a sua etnia contra os bárbaros (os estrangeiros fora da Grécia Antiga).

Finalmente, no que tange a história compartilhada de Roma, ela começa depois do mito de Rômulo e Remo e avança através das épocas da Monarquia, da República e do Império, e no caso desta obra, sua província do Egito.

Uma cultura característica compartilhada

A cultura faraônica foi tão marcante que ela sobreviveu à dominação greco-macedônica e romana. Os mitos, os deuses e seus cultos foram mantidos em atividade embora por vezes modificados, durante os séculos pós-faraônicos (Egito Ptolomaico e Romano), mesmo se considerarmos os novos deuses, como Serápis, por exemplo, que apareceu no início da época ptolomaica e mesmo com a transformação das representações iconográficas de certos deuses faraônicos, como Ísis e Osíris (a partir da época lágida[72], mas também da romana), conhecemos outras versões da deusa Ísis, como por exemplo, *Ísis Lactante* (que amamenta Harpócrates – Hórus criança), *Ísis Pharia,* ligada ao Farol de Alexandria e *Osíris Canopo,* em um corpo não mais mumificado, porém em formato de vaso canopo. Mesmo com as novas representações de seus deuses, suas aparências faraônicas e de outros deuses faraônicos, como por exemplo *Anúbis* e *Hórus,* mantiveram suas imagens na época romana. Portanto, podemos constatar que as continuidades dos mitos e da religião faraônica foram muito sólidas.

A cultura grega que migrou em direção ao Egito Ptolomaico se manteve durante os séculos de dominação romana. Na época imperial, por exemplo, as moedas cunhadas no Ateliê de Alexandria (em seus reversos – parte posterior das moedas) representavam a deusa

---

[72] Lágida, referente a Lagus, pai do rei Ptolomeu I. Lágida = Ptolomaica.

grega da agricultura, dos cereais e do trigo - *Dēmē'tēr* - tanto quanto *Euthēnía* - que veio do panteão grego e que simboliza a abundância e passou a fazer parte do panteão egípcio. Todas as criações gregas, em especial a filosofia e o teatro, são pontos de ligação entre os gregos. Eles, tanto quanto os egípcios, mantiveram a sua própria cultura.

A mesma situação se passou com a cultura romana. Os deuses, os mitos, as conquistas militares, a literatura, o imenso número de províncias e o *Mare Nostrum* (o Mediterrâneo), o poder obtido por Roma, que se tornou o maior império da Idade Antiga, tudo isso revela uma cultura característica compartilhada entre os romanos, os dominadores do mundo da época, não importa a qual lugar do Império.

Uma associação com um território específico

As duas terras do Egito (Alto e Baixo) sempre marcaram a história do país do Nilo. Foi ao redor deste rio e suas inundações, que a civilização faraônica floresceu. Mesmo no Reino Novo, quando as terras do Egito se estenderam em direção ao sul (a Núbia) e o Nordeste (a costa ocidental do Oriente Próximo, na Ásia), os egípcios foram sempre vinculados a seu território ao redor do Nilo até o Mediterrâneo e os desertos a leste e a oeste do rio. Este espaço do Nordeste da África se manteve durante os períodos Lágida e Romano, portanto, a associação dos egípcios a seu território milenar continuou durante toda a Idade Antiga e mesmo depois, pode-se dizer, até nossos dias.

No caso dos gregos, o sul da Península dos Bálcãs, as ilhas do Mar Egeu e a costa asiática deste mar foram durante a Antiguidade o território com o qual os gregos se identificavam. Além disso, as regiões da colonização grega, de sua época arcaica, aumentaram suas terras, como a Magna Grécia, por exemplo, no sul da Itália e na Sicília. Mesmo depois de ter perdido uma parte de seus territórios na Ásia Menor, na Itália e na ilha da Sicília, entre outras, a península grega ao sul dos Bálcãs e as ilhas do mar Egeu representaram para os gregos seus territórios de origem, que são ainda a Grécia de hoje.

Roma, como Estado, existiu no Ocidente do Mediterrâneo até a queda do Império Romano do Ocidente (476 d.C.) e no Oriente como

Império Bizantino, que perdeu todos os seus territórios, lentamente, até o fim da Idade Média (1453 d.C.). Entretanto, na Antiguidade, a península itálica foi o berço da πόλις -pólis romana, que deixou de ser uma πόλις - pólis, a partir do momento em que seu território ampliou-se como consequência de várias guerras nas quais Roma saiu vitoriosa, sobretudo durante a República, o que deu o *Mare Nostrum* (o Mediterrâneo) e todos os territórios à sua volta, na época imperial. De qualquer modo, podemos considerar a Itália como o território de Roma, por excelência, e os romanos sabiam disso muito bem, na Antiguidade.

Um sentimento de solidariedade

É incontestável que há uma sensação de solidariedade nas três civilizações das quais trata este capítulo. Todas as características de etnia mencionadas por Anthony D. Smith acima citadas os conduz a um sentimento de complementaridade. Esta solidariedade atingia egípcios, gregos e romanos.

Identidades

Segundo o antropólogo brasileiro Gilberto Velho[73], com relação à identidade, há dois níveis muito diferentes no que tange à identidade pessoal. A primeira é aquela de origem do indivíduo, quer dizer, fixada sobretudo na etnia. A segunda é ligada a uma trajetória de cada um, portanto, trata-se de uma identidade de origem e de uma identidade adquirida.

Apesar das iconografias funerárias deste estudo nos mostrarem o hibridismo cultural, a meu ver, o *empréstimo cultural* será necessário examinar cada caso, como faremos logo a seguir, para nos dar conta se houve uma permanência de identidade de origem do morto ou se, pelo contrário, estamos diante de um caso de identidade de aquisição. Posso afirmar que a maioria das iconografias funerárias desta pesquisa (ver os capítulos seguintes) nos revela uma identidade de origem e outra de aquisição, os quais tratarão das imagens mortuárias e nos darão a resposta.

---

[73] VELHO, G. Memória, Identidade e Projeto. *In:* VELHO, G. *Projeto e Metamorfose*. Rio de Janeiro: Zahar, 1994. p. 97-101.

Um caso excepcional que se aproxima de uma identidade de aquisição, é aquele da máscara mortuária do cidadão romano, de origem grega Τιτος Φλαγιος Δημήτριος - *Titos Flagios (Flavios) Dēmē' trios*. Este seria seu nome correto escrito em grego porque no reverso de sua máscara (ver o capítulo IV – "As Máscaras Mortuárias") seu nome é registrado assim: Τιτος Φλαιγιος Δεμετριος – *Titos Flaygios Demetrios* em um grego incorreto.

De todo o modo, ele tem a *tria nomina*[74] romana, o *praenomen* (pré-nome), o *nomen* (nome) e o *cognomen* (sobrenome). Neste caso, sabemos que este falecido era um cidadão romano, portanto, por seu *cognomen* nos damos conta de que ele é de origem grega, porque conectado à deusa grega da agricultura, dos cereais e do trigo: Δημήτηρ - *Dēmē'tēr*. Sua identidade de origem era, portanto, grega, porque deduzimos isso exatamente por seu *cognomen,* uma característica da pessoa, geralmente seu nome de nascimento.

Podemos comprovar isso se analisarmos o caso do historiador judeu do século I d.C., Flávio Josefo, cuja *tria nomina romana* era *Titus Flavius Josephus*. Seu *cognonem* era oriundo de seu nome de nascença judeu – *Iosef*. Portanto, por comparação, sabemos que o nome de nascimento de Τιτος Φλαγιος Δημήτριος - *Titos Flagios (Flavios) Dēmē' trios* era o grego Δημήτριος - *Dēmē' trios*.

Portanto, o morto dono desta máscara dourada pertencia à etnia grega, por conseguinte uma identidade helênica de origem e depois teve uma identidade de aquisição romana, por sua *tria nomina*.

No entanto, devemos assinalar que Gilberto Velho[75] nos ensinou que a identidade de aquisição é ligada a partir de uma trajetória que é conectada às escolhas e às opções de cada um. Não é o caso exatamente de Τιτος Φλαγιος Δημήτριος - *Titos Flagios(Flavios) Dēmē' trios,* pois ele sem dúvida era um antigo escravo que se tornou um liberto – um homem livre, portanto, não há precisamente escolhas ou opções, mas sim uma situação na qual um escravo consegue sua manumissão (liberdade). De toda a maneira, ele talvez possa

---

[74] A *Tria Nomina* romana era composta pelo *Praenomen* / Pré-nome (nome escolhido da pessoa), *Nomen* / Nome (nome da família a qual o indivíduo pertencia) e *Cognomen* / Cognome (que representava uma característica do cidadão).

[75] VELHO, G. *Memória, Identidade e Projeto. In:* VELHO, Gilberto. *Op. cit.,* p. 97-101.

ser considerado, *grosso modo,* uma certa opção de um escravo que se tornou um liberto. Portanto, fazemos referência, neste caso, de uma identidade de origem grega e de aquisição romana.

As Iconografias Funerárias e suas Análises

Inicialmente, é necessário que eu faça uma explicação preliminar antes de avançar para o capítulo III – *"Os Sarcófagos com o Retrato do Morto",* o capítulo IV – *"As Máscaras Mortuárias",* o capítulo V – *"As Mortalhas",* capítulo VI – *"As Estelas Funerárias",* capítulo VII – *"Outras Estelas Funerárias"* e, finalmente o capítulo VIII – *"Altos Relevos das Catacumbas de Kom el-Shugafa (Alexandria)",* explicação com base nos ensinamentos da Professora Françoise Dunand[76], que com relação às iconografias estudadas nesta pesquisa nos dá duas informações preciosas. Afirma esta respeitada egiptóloga:

> 1) No Egito, os ritos funerários da época romana permanecem fortemente marcados pela tradição faraônica. 2) A partir da época ptolomaica os gregos e os romanos adotaram o modo, em parte, os ritos e as crenças dos egípcios. Por se fazerem enterrar "à forma egípcia" [...].

Portanto, percebemos que a cultura egípcia estava fortemente presente nas iconografias mortuárias do Egito Romano, seja o morto egípcio, sejam os defuntos gregos ou romanos.

Analisaremos deste ponto em diante, 17 iconografias funerárias (com os mortos) e a presença das culturas egípcia, grega e romana, a partir da análise feita por uma Grade (Quadro) de Leitura e Análise, método da Análise de Conteúdo e as explicações sobre cada Grade. Algumas vezes as três culturas, egípcia, grega e romana não aparecerão, como veremos. Outras, ao invés disso, as três estarão nas imagens analisadas.

Uma outra observação: todas as palavras em negrito estarão assim assinaladas para destacar informações pertinentes.

---

[76] DUNAND, F. *Le matériel funéraire, in: op. cit.,* p. 152.

CAPÍTULO III

OS SARCÓFAGOS COM O RETRATO DO MORTO

Figura 2 - Múmia de uma criança com o retrato sobre linho[77]
Proveniência: Hawara.
Data: 40 - 55 d.C.
Localização atual: Museu Britânico – Londres.

Fonte: WALKER, Susan e BIERBRIER, Morris. Ancient Faces. Mummy Portraits from Roman Egypt. Londres: Bristish Museum Press, 1997, p. 39

---
[77] WALKER, Susan; BIERBRIER, Morris. (Iconografia e descrição destes autores). *Op. cit.,* p. 39-40. Livre tradução minha do inglês para português.

A criança, provavelmente um menino, está vestida com uma túnica creme – branca. Os cabelos castanhos escuros estão penteados para a frente e picotados em direção às sobrancelhas, com uma franja que aproxima do estilo da dinastia Júlio-Cláudia.

No centro da parte superior da mortalha, no sarcófago, a faixa esconde, parcialmente, a cabeça da deusa Nut cujo corpo e as asas aparecem embaixo. Sob as asas, vê-se esfinges com a cabeça de falcão e outra com a cabeça de sapo.

O registro superior mostra o morto que apresenta um vaso a vários deuses faraônicos como Ra-Horakthy e Atum. Do outro lado, um sacerdote lê a liturgia de um papiro diante de Osíris e outros deuses.

O registro mais abaixo faz ver o defunto diante de Osíris protegido por Ísis, e do outro lado Ra-Horakthy protegido por Nephtys.

Esta iconografia mostra o morto com aspecto romanizado somente por seu retrato, sobretudo seus cabelos cortados ao estilo julio-claudiano.

No entanto, o resto da imagem revela elementos todos egípcios: os deuses Osíris, Ra-Horakthy, Atum, Nut, Ísis e Nephtys, interagindo diretamente ou não com o morto, entretanto, estes deuses faraônicos estão na mortalha do seu sarcófago.

Podemos concluir que se trata aqui de uma iconografia parcialmente romanizada, mas sobretudo egipcianizada.

Com relação à identidade do morto, como não há seu nome, devemos analisar todas as possibilidades.

É provável que o defunto seja um jovem menino romano, que adotou a cultura faraônica para o seu artefato funerário.

Uma outra versão menos provável seria o morto ser egípcio e apresentar somente um penteado romano.

A meu ver, portanto, o retrato romanizado do defunto demonstra que ele é muito provavelmente romano (porque o retrato tenta mostrar a aparência mais próxima do morto durante a sua vida terrestre, embora haja defuntos com retratos romanizados, não romanos) e que ele adotou a religião faraônica registrada em seu sarcófago. Portanto, podemos garantir que aqui vê-se um caso muito claro de miscigenação entre as culturas romana e, sobretudo, egípcia. Deste modo, apesar da maioria dos aspectos religiosos faraônicos, o defunto é provavelmente romano e tendo vivido no Egito, adquiriu a cultura egípcia para o seu sarcófago mortuário.

Quadro 1 - Quadro de Leitura e Análise da Iconografia

Culturas	Categorias Temáticas	Unidades de Registro	Unidades de Numeração
Egípcia	deuses	Nut(2), Ra-Horakhty(3), Atum(2), Osiris (3), Isis (2), Nephtys (2)	14
Grega	-	-	0
Romana	indumentária	túnica creme-branca	1
	penteado	cabelo estilo dinastia Júlio-Cláudia (2)	2

Fonte: o autor

Explicação do Quadro

Com relação à iconografia intitulada *"Múmia de uma Criança com Retrato sobre Linho"*, inicialmente nos damos conta de que não há nada no que tange à cultura grega nesta imagem. Nada de helenismo embora haja romanização e egipcianização, como veremos. No que concerne à cultura romana, só há um único registro com relação à vestimenta do morto (unidade de numeração = 1) e dois registros no que tange ao seu penteado (unidade de numeração = 2). É uma iconografia muito pouco romanizada, embora o defunto seja, a meu ver, um jovem romano. Para terminar, a cultura mais aparente é a egípcia (unidade de numeração = 14), quer dizer que há 14 registros faraônicos nesta imagem, conectados à categoria temática dos *deuses*: Nut (2 vezes), Ra-Horakthy (3 vezes), Atum (2 vezes), Osíris (3 vezes), Ísis (3 vezes) e Nephtys (2 vezes). É por isso que podemos admitir a força da cultura egípcia nesta iconografia de um jovem menino, provavelmente romano, que adotou os elementos faraônicos registrados em sua morte. Um caso claro de miscigenação entre as culturas romana e egípcia, sobretudo.

Em resumo, trata-se de um jovem possivelmente menino romano, que adotou a cultura egípcia. É um caso, portanto, de egipcianização.

Figura 3 - Múmia de estuque pintada de *Artemídōre* com um retrato em encáustica[78] sobre madeira, acrescido de uma folha de ouro[79]

Proveniência: Hawara.

Data: 100 – 120 d.C.

Localização atual: Museu Britânico – Londres.

Fonte: WALKER, Susan e BIERBRIER, Morris. Ancient Faces. Mummy Portraits from Roman Egypt. Londres: Bristish Museum Press, 1997, p. 56

---

[78] Técnica de pintura mesclando cera com pigmentos de tinta.
[79] WALKER, Susan; BIERBRIER, Morris. (Iconografia e descrição destes autores). *Op. cit.,* p. 56-57. Livre tradução minha do inglês para português.

Esta imagem mostra, inicialmente, no alto, o retrato de ᾽Αρτεμίδωρε – *Artemídōre* penteado e vestido como um romano. Os cabelos castanhos escuros estão penteados para frente, emoldurando suas sobrancelhas e suas orelhas no estilo do Imperador Trajano.

Ele está vestido com uma túnica na qual vê-se um *clavus* vermelho. O *clavus* era utilizado nas vestimentas da elite romana.

Abaixo de seu retrato romanizado, há vários registros, a quase totalidade com deuses egípcios, à exceção de seu nome com uma mensagem que informa: ᾽Αρτεμίδωρε Εὐψύχι – *Artemídōre Eupsýchi*) –*Adeus Artemídōre*.

No entanto, esta saudação de despedida, escrita em grego, foi registrada com erro. A palavra "adeus" em grego clássico não é εὐψύχι – *eupsýchi*), tal como vemos sobre o sarcófago do morto, mas a escrita correta seria εὐψύχει – *eupsýchei*. Portanto, não foi um grego que escreveu esta saudação de adeus, mas muito provavelmente um egípcio, que não conhecia bem a língua grega. Concluí que os escribas egípcios não sabiam bem escrever grego.

Apesar do nome grego᾽ Αρτεμίδωρε – *Artemídōre* significar δῶρον – dō'ron, em grego "presente" + ᾽Άρτεμις – Ártemis = a deusa da caça na Grécia, então, "presente de Ártemis", **trata-se de um egípcio** que escolheu um nome grego e um retrato romanizado para elevar seu *status* social. A arte do retrato, em Roma, tinha o objetivo de representar a aparência do morto mais próxima possível daquela que ele teve durante a sua vida. Desse modo, **o defunto egípcio** ᾽Αρτεμίδωρε – *Artemídōre* quis parecer um romano ali incluída sua indumentária e penteado romanos.

Podemos claramente perceber que se trata de um defunto egípcio por causa, sobretudo, dos ensinamentos da Professora Françoise Dunand[80] que nos informa que: *"Alguns dos nomes conservados são em sua maioria nomes gregos:* **Artémidoros [...], (na época imperial, numerosos egípcios tinham nomes gregos)***"*.[81]

---

[80] DUNAND, Françoise. *Le matériel funéraire, in: Op. cit.,* p. 142.

[81] Palavras em negrito, destacadas por mim.

Após haver examinado o erro da palavra grega mencionada acima, e a informação da Professora Françoise Dunand com relação ao fato de que *Artémidoros* era um nome grego utilizado pelos egípcios, e juntando-se a imensa quantidade de referências da religião e da mitologia faraônicas, no sarcófago de ' Αρτεμίδωρε – *Artemídōre*, a meu ver **este defunto é um egípcio** que manteve sua cultura faraônica no seu artefato funerário e para ascender na escala social, adotou um nome grego e um retrato romanizado o qual, aliás, é uma das principais características da arte romana.

Os registros faraônicos são, embaixo de seu retrato, um colar com o deus Hórus em cada ponta e, portando (ambos), a coroa *pschent* que representa o poder sobre todo o Egito, o Alto (o Vale do Niio) e o Baixo (o Delta do Nilo), a coroa é também chamada *a Coroa de Hórus*. Logo abaixo, é possível ver-se duas deusas Maat com suas plumas de avestruz sobre seus joelhos.

Mais embaixo, após passarmos pela saudação com o nome do morto, vemos o deus Anúbis mumificando-o e segurando em sua mão esquerda um vaso canopo. Os vasos canópicos guardavam os principais órgãos do falecido: pulmões, estômago, intestinos e fígado. De cada lado de Anúbis, notamos as deusas Ísis e Nephtys.

O registro seguinte, abaixo, nos faz ver os deuses Thot e Hórus (portando sua coroa *pschent*) fazendo reverência ao *relicário de Osíris*, que segundo a mitologia egípcia guardava a cabeça deste deus em Abydos (seu principal lugar de culto na época faraônica, após a sua cabeça ter sido decepada por seu irmão, o deus Seth).

Exatamente abaixo, vemos a cena na qual Ísis metamorfoseada em falcão, abre suas asas e abanando-as, com o vento por elas produzido, ressuscita Osíris (já uma múmia), para conceber o filho deles, Hórus.

Por fim, no registro mais inferior, vemos a coroa *Atef*, do deus Osíris.

O sarcófago de' Αρτεμίδωρε – *Artemídōre* mostra três culturas: a romana (o penteado e a vestimenta), a grega (o nome que quer dizer presente de Ártemis = δώρον – dō'ron + ' Άρτεμις – Ártemis = a deusa da caça na Grécia) e sua saudação de adeus (apesar de escrito com um erro, tudo como já esclarecido acima). E, por fim, uma imensa quantidade de cenas egípcias, com sua mitologia e vários deuses faraônicos.

Em resumo, **Artemídōre** era um jovem egípcio que quis ascender socialmente (com nome grego e retrato romanizado) mantendo, entretanto, vários registros de sua cultura egípcia, de origem, para o seu ritual mortuário.

Quadro 2 - Quadro de Leitura e Análise da Iconografia

Culturas	Categorias Temáticas	Unidades de Registro	Unidades de Numeração
Egípcia	deuses	Hórus(2), Maat, Ísis (2), Anúbis, Nephtys, Thot, Osíris (2)	10
	coroas	Coroa *Pschent* (2), Coroa de Hórus, Coroa *Atef*	4
Grega	mensagem / saudação	Αρτεμίδωρε εὐψύχι *Artemídōre Eupsýchi – Adeus Artemídore*, o nome grego do defunto	2
Romana	retrato / vestimenta	vestido como um romano, túnica, *clavus* vermelho	3
	retrato / penteado	penteado como um romano, estilo do imperador Trajano	2

Fonte: o autor

Explicação do Quadro

As três culturas são representadas por diferentes categorias temáticas, portanto, há *helenismo, romanização e egipcianização*. Isto demonstra que há, claramente, uma miscigenação cultural nesta iconografia. Uma mistura entre as culturas grega, romana e egípcia. Nos temas egípcios, vemos uma grande presença dos deuses faraônicos na Unidade de Registro, que atingem o número 10 na Unidade de Numeração, completada pelas coroas com o número quatro. Isto oferece 14 Unidades de Numeração para a cultura egípcia, portanto, a grande maioria com relação a esta imagem. Em seguida, nos damos conta que a cultura grega é a menos representada, por somente a mensagem (saudação de adeus) ao morto, embora escrita com um erro, como já explicado acima. Para terminar, a cultura romana aparece a partir do retrato do morto (indumentária e penteado).

Em resumo, a meu ver, isto nos mostra que **o defunto é egípcio** com um sarcófago cheio de divindades faraônicas, que revelam a manutenção da religião e da mitologia egípcia, que se fez representar por um retrato romanizado. Estes retratos tinham o objetivo de mostrar com a aparência a mais próxima daquela que o indivíduo tinha durante a vida terrestre. Portanto, o rosto de᾿ Ἀρτεμίδωρε – *Artemídōre* tinha um aspecto romanizado forçado, visto que ele era egípcio. Além disso, o *clavus* revela o desejo do morto ter uma alta posição social no mundo clássico. Este egípcio, pelas imagens faraônicas que o acompanham, quis ter um *status* social mais elevado (nome grego e retrato romano).

Figura 4 - Retrato de uma jovem em encáustica sobre madeira[82]
Proveniência: provavelmente Antinoopolis.
Data: 130 – 140 d.C.
Localização atual: Museu do Louvre – Paris.

Fonte: WALKER, Susan e BIERBRIER, Morris. Ancient Faces. Mummy Portraits from Roman Egypt. Londres: Bristish Museum Press, 1997, p. 107

Diferentemente dos dois sarcófagos já apresentados neste livro, que vieram de Hawara no Fayum (oásis a cerca de 200 km ao sul do Delta, portanto, já no Vale do Nilo e aproximadamente

---

[82] WALKER, Susan; BIERBRIER, Morris. (Iconografia e descrição destes autores). *Op. cit.,* p. 106-107. Livre tradução minha do inglês para português.

a 100 km a oeste do rio Nilo), esta imagem acima não mostra um célebre retrato do Fayum, mas sim um retrato de um sarcófago de Antinoopolis.

Trata-se de uma cidade grega, e por isso muito provavelmente que a iconografia agora analisada não mostra imagens faraônicas e, por conseguinte, o sarcófago pertence a **uma jovem grega.**

A aparência do retrato é típica de Antinoopolis. A jovem está vestida com uma túnica verde e por baixo, outra túnica, essa decorada com triângulos púrpuras característicos de Antinoopolis.

Seus cabelos estão penteados no estilo do Imperador Adriano.

Sobre o seu estômago, é pintado em preto o convencional adeus funerário grego εὐψύχὶ εὐδαιμόνι – *eupsýchi eudaimóni*, uma saudação que quer dizer *"adeus, seja feliz".* É interessante que na saudação do adeus desta jovem, a palavra grega εὐψύχὶ – *eupsýchi* tem o mesmo erro que aquele de᾽ Αρτεμίδωρε – *Artemídōre.* O correto seria εὐψύχει – *eupsýchei.* Entretanto, diferentemente do jovem egípcio que adotou um nome grego, não sabemos o nome desta moça, porém ela não é certamente egípcia, porque no seu sarcófago não há qualquer deus ou símbolo faraônico, nada da mitologia e da religião faraônicas, como no caso do egípcio ᾽ Αρτεμίδωρε – *Artemídōre.*

Portanto, **essa jovem é grega com um retrato helenizado.** Podemos nos dar conta que a unidade de numeração (no quadro abaixo) é zero com relação à cultura egípcia, por conseguinte não há qualquer unidade de registro faraônico. Por que, então, sua saudação de adeus foi escrita com erro? Porque o escriba não conhecia bem a língua grega, mas a morta, que é grega, quis este pequeno texto em língua helênica para que seus amigos e familiares gregos pudessem ler. Lembro que Antinoopolis é uma cidade grega. O penteado e a indumentária indicam uma data do reino do Imperador Adriano, logo após a fundação de Antinoopolis (130 d.C.).

rosto sem pelos para os homens no Egito Ptolomaico e Romano [...]"[85]. Todo o resto do sarcófago é egípcio. Vemos sua decoração em tradicional estilo egípcio e uma vestimenta que representa aquela do deus Osíris. Três deuses faraônicos se destacam nesta imagem funerária: Osíris, Rá (disco solar alado) e Anúbis que mumifica o morto e guarda a sua tumba. Osíris porta sua tradicional coroa *Atef*. Se considerarmos **o defunto um romano**, então podemos afirmar que ele adotou os ritos funerários faraônicos e este é um caso de miscigenação entre as culturas romana e egípcia. A romanização é um pouco presente (salvo pelo retrato provavelmente romano) e a egipcianização se impõe por todos os componentes da cultura faraônica que estão neste sarcófago.

Em resumo, trata-se de um **morto romano** por sua barba e seu bigode (pela época desse sarcófago 50 a.C. a 50 d.C., é um caso dos primeiros e ainda rudimentares retratos romanos). De todo o modo, o falecido foi egipcianizado pela imensa quantidade de elementos faraônicos em seu sarcófago.

---

[85] Livre tradução minha do inglês para português.

Quadro 3 - Quadro de Leitura e Análise da Iconografia

Culturas	Categorias Temáticas	Unidades de Registro	Unidades de Numeração
Egípcia	-	-	0
Grega	retrato	típica de Antinoopolis, sarcófago de Antinoopolis	2
	indumentária	túnica, outra túnica de Antinoopolis	2
	saudação	adeus funerário, ευψύχι ευδαιμόνι – *eupsychi eudaimóni adeus, seja feliz*	2
Romana	penteado	cabelos estilo do imperador Adriano, data do reino do imperador Adriano	2

Fonte: o autor

Explicação do Quadro

Inicialmente, nossa atenção é voltada para a ausência das categorias temáticas egípcias, com nenhuma unidade de registro e, por conseguinte, o número 0 no espaço da unidade de numeração. Isto podemos explicar porque trata-se de um sarcófago de Antinoopolis (cidade fortemente grega), embora fundada pelo Imperador Adriano em homenagem ao jovem grego Antinoo, que se afogou no Nilo. É por isso que esta iconografia é dividida entre as culturas grega e romana. Antinoopolis é uma das quatro grandes cidades gregas do Egito Romano: Alexandria, Naucratis, Ptolemaida e Antinoopolis. Por esta razão, a cultura grega é a mais representada nessa iconografia.

Vemos um retrato que não é romano, mas grego "típico de Antinoopolis", como a unidade de registro o informa. Sobretudo, a indumentária é própria, igualmente, desta cidade helenizada. Assim a unidade de numeração atinge 6 com relação à cultura grega, a maioria. Se nós aí acrescentarmos a saudação do adeus da morta, εὐψύχι εὐδαιμόνι – *eupsýchi eudaimóni* – "Adeus, seja feliz", apesar do erro na palavra εὐψύχι – *eupsýchi* (o correto seria εὐψύχει – *eupsýchei* – adeus), como já foi informado acima e tal qual no caso de *Artemídōre*, **a morta, ora estudada, é grega,** porque não se sabe seu nome e o escriba pode ter escrito sua saudação com um erro, mas com o desejo da falecida comunicar-se com aqueles (gregos) que permaneceram vivos. A saudação é, portanto, escrita em grego para que todos pudessem compreendê-la.

Embora o retrato seja grego, o penteado é no estilo do imperador Adriano, fato que cria mescla no retrato da defunta e pode nos mostrar, ao menos, uma pequena mistura entre estas duas culturas clássicas. A unidade de numeração, no que concerne à cultura romana, somente é 2. Vale registrar a relevância desta iconografia, porque ela é um exemplo de forte helenismo e um pouco de romanização no Egito, sem nenhuma representação faraônica. Portanto, não há ali egipcianização.

Em resumo, **esta jovem era grega,** porque sua saudação de adeus foi escrita em língua helênica, embora com o mesmo erro ortográfico do caso de *Artemídōre*. Podemos concluir que os escribas egípcios não sabiam escrever o grego corretamente ou, esta fosse a nova grafia em grego κοινή - koinē' (versão grega em vigor no início de nossa era). A defunta não adotou a cultura egípcia, caso muito raro. Não há nada de egipcianização neste sarcófago, somente de romanização (seu penteado, como o quadro nos mostra). A morta quis se elevar para um *status* social romano embora sendo grega. Esse sarcófago é, sobretudo, somente helenizado e pouco romanizado.

Figura 5 - Caixão de múmia antropomórfica pintada[83]
Proveniência: Akhmin.
Data: 50 a.C. – 50 d.C.
Localização atual: Museu Britânico – Londres.

Fonte: WALKER, Susan e BIERBRIER, Morris. Ancient Faces. Mummy Portraits from Roman Egypt. Londres: Bristish Museum Press, 1997, p. 31

O caixão é decorado no tradicional estilo egípcio. A superfície é pintada com uma rede com formato geométrico, em rosa, que representa a vestimenta do deus Osíris. Um disco solar alado (o deus Rá) está sobre o peito. Em um santuário pintado abaixo, vê-se Osíris com outras divindades. Mais embaixo é possível ver o deus

---

[83] *Ibidem*, p. 30-31. (Iconografia e descrição destes autores). Livre tradução minha do inglês para português.

Anúbis mumificando o morto, que aparece em seguida (no registro logo abaixo) com espaços (talvez seu túmulo) e Osíris está no meio da cena portando sua coroa *Atef*. Ainda mais abaixo vemos novamente Anúbis sobre a tumba do morto, que está dentro dela. O rosto do falecido parece com um retrato romanizado por causa de sua barba e seu bigode. Não é de forma alguma habitual nas máscaras mortuárias egípcias ver o morto representado com barba e bigode. Isto me faz crer que **o morto seja um romano** por sua face no seu retrato. É o começo dos retratos no Egito Romano (ver a data do sarcófago).

Quadro 4 - Quadro de Leitura e Análise da Iconografia

Culturas	Categorias Temáticas	Unidade de Registro	Unidade de Numeração
Egípcia	decoração	tradicional estilo egípcio, rede com formato geométrico em rosa	2
	indumentária	representa a vestimenta do deus Osíris	1
	deuses	Osiris (3), Ra, Anúbis (2)	6
	coroa	*Atef*	1
Grega	-	-	0
Romana	retrato do defunto	a barba, o bigode	2

Fonte: o autor

Explicação do Quadro

Trata-se de um sarcófago com o retrato, a meu ver, romanizado do morto por causa de sua barba e de seu bigode. Além disso, Christina Riggs[84] nos informa que: *"Barbas eram uma alternativa no*

---

[84] RIGGS, Christina. *Op. cit.,* p. 83.

CAPÍTULO IV

AS MÁSCARAS MORTUÁRIAS

Figura 6 - Máscara dourada de caixa de um jovem chamado Mareis, com a idade de vinte e um anos[86]

Proveniência: Hawara.

Data: 20 – 40 d.C.

Localização atual: Museu Britânico – Londres.

Fonte: WALKER, Susan e BIERBRIER, Morris. Ancient Faces. Mummy Portraits from Roman Egypt. Londres: Bristish Museum Press, 1997, p. 79

O jovem tem uma fileira de cabelos encaracolados sobre suas sobrancelhas em estilo Júlio-Cláudio. As orelhas são altas, do modo egípcio o que parece estranho com o penteado romano.

Vemos imagens faraônicas sobre a máscara. Na extremidade sob o ombro esquerdo, vê-se o *ba* do morto (princípio de subsistência) representado por um pássaro com a cabeça do defunto. Do outro lado há um falcão, que é o deus Hórus.

---

[86] WALKER, Susan; BIERBRIER, Morris. (Iconografia e descrição destes autores). *Op. cit.,* p. 79. Livre tradução minha do inglês para português.

Sobre o *ba* do morto, sobre seu ombro, podemos ver o olho de Hórus, que representa a regeneração porque seu olho, de acordo com a mitologia faraônica, foi ferido por seu tio Seth e seu olho foi regenerado magicamente. Do outro lado, sobre seu ombro direito, vê-se o mesmo amuleto.

Embaixo vemos Anúbis mumificando o defunto e segurando um vaso canópico.

Quadro 5 - Quadro de Leitura e Análise da Iconografia

Culturas	Categorias Temáticas	Unidades de Registro	Unidades de Numeração
Egípcia	penteado	orelhas altas no modo egípcio	1
	mitologia	o *ba* do morto, pássaro com a cabeça do defunto	2
	deuses	falcão, deus Horus, Seth, Anúbis	4
	amuleto	olho de Horus (2)	2
Grega	-	-	0
Romana	penteado	cabelos encaracolados sobre suas sobrancelhas em estilo Júlio-Cláudio, penteado romano	2

Fonte: o autor

Explicação do Quadro

Estudando o quadro de leitura e análise registrado acima, nos damos conta, inicialmente, que a iconografia que ele representa é mais fortemente egipcianizado porque as unidades de numeração somam 9. A unidade de registro mais importante é aquela com relação aos deuses.

Pelo contrário, não há nada com relação à cultura grega. A romana é destacada por uma parte do penteado da máscara cuja característica principal são as orelhas altas, típicas da representação egípcia.

Não podemos considerar esta imagem uma miscigenação cultural, porque apenas a parte do penteado romano não a caracteriza. Para esta miscigenação são necessários elementos de várias culturas, como acontece nas outras iconografias funerárias deste trabalho.

Tudo registra a egipcianização por causa de vários aspectos faraônicos, apesar do penteado romano. Deste modo, trata-se aqui **de um defunto egípcio**, que mesmo durante a época imperial manteve a cultura egípcia, como percebemos nas categorias temáticas do quadro: a mitologia, os deuses e o amuleto da época faraônica. É então um tipo de "resistência" cultural egípcia em face do helenismo e da romanização.

Em resumo, embora haja um penteado muito romanizado, trata-se aqui de um **morto egípcio** que teve muito pouca influência da cultura romana, mas que manteve sua cultura faraônica.

Figura 7 - Máscara dourada de Titos Flavios Demetrios[87]
Proveniência: Hawara.
Data: 80 – 120 d.C.
Localização atual: Museu Ipswich – Inglaterrra.

Fonte: WALKER, Susan e BIERBRIER, Morris. Ancient Faces. Mummy Portraits from Roman Egypt. Londres: Bristish Museum Press, 1997, p. 85

[87] *Ibidem.* (Iconografia e descrição destes autores), p. 84- 85. Livre tradução minha do inglês para português.

Esta máscara tem um interesse extraordinário pela condição de seu proprietário, **um cidadão romano** *Titus Flavius Demetrius*. Todos os cidadãos romanos tinham uma *tria nomina* (três nomes): o *praenomen* – o prenome, o *nomen* – o nome e o *cognomen* – o sobrenome. Isto quer dizer: o *praenomen*, um nome escolhido pelo cidadão, o *nomen* era o nome da família à qual pertencia o cidadão e o *cognomen* era uma característica da pessoa, normalmente em conexão com o seu nome de origem.

Portanto, *Titus* era o novo nome romano escolhido pelo cidadão. *Flavius* significava que o cidadão pertencia à família dos Flávios (provavelmente dos imperadores Vespasiano, Tito e Domiciano) e o *cognomen* era, em geral, o seu nome originário ou uma característica da pessoa.

Titus Flavius Demetrius certamente é um *libertus*, um antigo escravo da família dos Flávios e, uma vez libertado, ele adotou o nome da família, seu *nomen Flavius*. É exatamente o caso do historiador judeu do século I d.C. *Titus Flavius Josephus*, tornado escravo por Vespasiano durante o cerco de Jotapata, na Galileia (primeira guerra dos judeus contra a opressão romana, de 66 a 73 d.C., com o incêndio do segundo Templo de Jerusalém no verão do ano 70). Depois, Vespasiano já imperador, libertou *Josephus*, que adquiriu sua *tria nomina* Τιτος Φλαυιος Ιοσήφος – Titos Flavios Iosē'phos, em latim, *Titus Flavius Josephus*.

Voltando ao caso do dono da máscara ora analisada, seu *cognomen* tem ligação com o seu nome de nascença, muito provavelmente Δημήτριος – Dēmē'trios, um nome grego em homenagem à deusa helênica Δημήτηρ – Dēmē'tēr, divindade da agricultura, dos cereais e do trigo.

Assim, podemos supor que a morte do dono desta máscara dourada **nascera grego** e depois tornou-se um escravo. Mais tarde, já liberto, portanto, um *libertus* e um **cidadão romano**, ele tomou para si o nome da família Flávia.

Entretanto, seu nome está registrado na parte de trás da máscara, com erros: Τιτος Φλαιγιος Δεμετριος – *Titos Flaigios Demetrios* em forma grega, com equívocos. De qualquer jeito, esta maneira de escrever o nome data a máscara das últimas décadas do século I d.C. ou as primeiras décadas do século II d.C.

Como no caso de' Αρτεμιδωρε – *Artemidōre* e da jovem grega de Antinoopolis, o escriba local cometeu um erro ortográfico em grego clássico. Trata-se, portanto, de um rapaz **de origem grega**, mas que depois **tornou-se cidadão romano.**

Podemos garantir que **o *cognomen* (sobrenome) do morto é grego** Δημήτριος – Dēmē'trios, porque este nome não foi citado pela Professora Dunand, que nos ensinou que:

> Quaisquer nomes preservados são em sua maioria nomes gregos: Artemidoros, Eutyches, Herminoe, Eirene; mas não podemos deduzir indicação alguma quanto à etnia deles (na época imperial, numerosos egípcios usavam nomes gregos).

Quer dizer que o *cognomen* (sobrenome) Δημήτριος – Dēmē'trios pertence mesmo a um grego, que se tornou cidadão romano visto que *"[...] não podemos deduzir indicação alguma quanto à etnia deles [...]*[88].

De qualquer modo, observemos sua máscara nas partes frontal e de trás.

Na parte da frente, vemos uma máscara dourada. A forma da máscara é inteiramente egípcia sem cabelos visíveis. **Não traços de romanização.**

As orelhas altas estão no tradicional estilo egípcio, como são as imagens observadas em volta da cabeça. Vemos Osíris sobre o seu trono, Ísis e Nephtys como carpideiras e divindades femininas em forma de falcão com suas asas todas abertas em proteção.

As cenas pintadas mostram discos solares alados, olhos *udjat* (olhos de Hórus) protetor, um falcão com a cabeça do defunto, como um homem com a cabeça do pássaro *ba* (princípio de movimento, uma das sete partes do morto), Anúbis mumificando o corpo do morto. O defunto tem um pedantife sobre o seu peito com a imagem de uma divindade, provavelmente Maat.

---

[88] DUNAND, Françoise. *Le matériel funéraire, in: op. cit.,* p. 142.

Na parte de trás da máscara, em preto e branco, vemos sua *tria nomina* ao menos Τιτος Φλαιγιος – Titos Flaygios, escrito em grego equivocado. Abaixo percebemos Anúbis seguido provavelmente das quatro divindades, que protegem os vasos canopos com faces de chacal, humana, falcão e babuíno.

Quadro 6 - Quadro de Leitura e Análise da Iconografia

Culturas	Categorias Temáticas	Unidades de Registro	Unidades de Numeração
Egípcia	máscara	a forma da máscara inteiramente egípcia, sem cabelos visíveis, orelhas altas estilo egípcio	3
	deuses	Osíris, Ísis, Nephtys, Anúbis (2), Maat, divindades femininas em forma de falcão, discos solares alados	8
	amuletos	olhos udjat, olhos de Hórus	2
	mitologia	falcão com a cabeça do defunto, homem com a cabeça do pássaro-*ba*	2
Grega	nome de nascimento	*Demetrios*	1
	deusa	Demeter	1
Romana	cidadania	cidadão romano *Titus Flavius Demetrius* (2)	2
	romanização	não há traços de romanização na máscara	1

Fonte: o autor

Explicação do Quadro

Esta máscara é muito importante, porque ela pertence a um cidadão romano de origem grega e que utilizou uma significativa presença de elementos egípcios. Podemos, inicialmente, ressaltar que se trata de **uma iconografia que contém uma marcante miscigenação cultural**, na qual percebemos tudo junto, egipcianização, helenismo e romanização.

Titus Flaigius(Flavius)Demetrius ou em um registro grego ruim Τιτος Φλαιγιος Δεμετριος – *Titos Flaigios Demetrios* era um grego que se tornou um cidadão romano, como já esclarecido acima. Sua etnia de nascimento era grega, porque seu *cognomen* (sobrenome) era Δημήτριος – Dēmē'trios, cuja origem é da deusa helênica da agricultura, dos cereais e do trigo: Δημήτηρ – Dēmē'tēr. Portanto, estamos diante de **um grego** por seu sobrenome e a ligação com a deusa Dēmē'tēr e a soma de duas unidades de registros gregas no quadro acima. A parte romana se conecta com a cidadania do defunto e o fato de sua máscara não ter sinais de romanização. No entanto, a romanização está presente nesta imagem perfeitamente por causa da *tria nomina* do morto (sua cidadania).

Portanto, nas unidades de numeração com relação à cultura grega, a soma é dois e a romana é três, constatamos que a presença das unidades de registro egípcias (ver numeração) atinge um total de 15. Trata-se, então, de uma **iconografia muito egipcianizada. Esse defunto grego, cidadão romano, adotou na sua máscara mortuária (frente e trás) um grande número de elementos faraônicos.** Com relação a eles, vemos oito deuses, dois amuletos, duas referências à mitologia e três componentes da máscara propriamente.

Em resumo, Τιτος Φλαιγιος Δεμετριος – *Titos Flaigios Demetrios* ou mais corretamente Τιτος Φλαυιος Δημήτριος – *Titos Flavios Dēmē'trios,* em latim *Titus Flavius Demetrius* é um homem **de identidade grega**, por causa de seu *cognomen* – sobrenome Δημήτριος – Dēmē'trios, que se tornou **cidadão romano**, o qual, entretanto, colocou em sua máscara funerária uma **grande quantidade de elementos egípcios.**

Portanto, há aqui **muita egipcianização**, porém menos de helenismo e de romanização, embora elas existam.

Trata-se de uma **iconografia funerária com uma clara miscigenação cultural** entre um homem com sua **identidade de origem grega**, que teve uma **identidade de aquisição romana** e um enorme registro de elementos **da cultura egípcia, a qual ele adotou em sua máscara mortuária.**

Figura 8 - Máscara em caixa pintada e dourada de uma mulher chamada ' Αφροδιτε – Aphrodite, filha de Didas, na idade de vinte anos[89]

Proveniência: Hawara.

Data: 50 – 70 d.C.

Localização atual: Museu Britânico – Londres.

Fonte: WALKER, Susan e BIERBRIER, Morris. Ancient Faces. Mummy Portraits from Roman Egypt. Londres: Bristish Museum Press, 1997, p. 81

---

[89] WALKER, Susan; BIERBRIER Morris (iconografia e descrição destes autores), *op. cit.,* p. 81-82. Livre tradução minha do inglês para português.

A mulher está vestida com uma túnica com um *clavus* (que mostra a importância romana da vestimenta utilizada). O *clavus* é preto, entretanto, na origem ele era púrpura, um colar com uma corrente e uma placa que mostra três divindades, talvez duas Deméter e Harpócrates[90]. Ela tem nos seus braços braceletes com serpentes[91].

No alto da cabeça, ela tem um abutre (a deusa Nekhbet que protege o Vale do Nilo) e que porta a coroa do Alto Egito (aqui pintada em rosa no lugar do tradicional branco).

A morta tem na sua mão direita uma guirlanda de rosas. De acordo, ainda mais uma vez, com os ensinamentos da Professora Dunand[92], a guirlanda de rosas trata-se de um sinal do deus Osíris.

Quadro 7 - Quadro de Leitura e Análise da Iconografia

Culturas	Categorias Temáticas	Unidades de Registro	Unidades de Numeração
Egípcia	penteado	abutre	1
	coroa	coroa do Alto Egito	1
	deuses	Harpocrates, braceletes com serpentes(2) a deusa Nekhbet, (que protege o Vale do Nilo) guirlande de roses (dieu Osiris)	5
Grega	deusas	uma placa que mostra ... divindades ... duas Demeter	2
	nome	Αφροδιτε – *Aphrodite*	1
Romana	indumentária	túnica com um *clavus* (2)	2

Fonte: o autor

---

[90] O deus Hórus criança.

[91] Provavelmente deusas Uadjit, que protegem o Baixo Egito (o Delta do Nilo).

[92] DUNAND, Françoise. *Le Matériel Funéraire, in: op. cit.*, p. 144.

Explicação do Quadro

Inicialmente, o nome da morta é 'Αφροδιτε – *Aphrodite*, a deusa grega do amor. Portanto, por seu nome, podemos afirmar que **a falecida era uma grega.** Lembro uma vez mais que a Professora Françoise Dunand[93] nos ensina que: *"Quaisquer nomes conservados são na maioria das vezes nomes gregos: Artemidoros, Eutyches, Hermione, Eirene; mas não podemos deduzir disto indicação alguma quanto à sua etnia (na época imperial, numerosos egípcios usando nomes gregos)".*

Entretanto, não é o caso de 'Αφροδιτε – *Aphrodite*, cujo nome não foi mencionado pela Professora Dunand, ou seja, não se trata de uma egípcia que adotou um nome grego, portanto, a morta aqui analisada, 'Αφροδιτε – *Aphrodite* **é mesmo uma grega,** por seu nome.

A defunta usa joias gregas com duas deusas Δημήτηρ – Dēmē'tēr, como se vê na unidade de registro com relação à categoria temática "deusas" da cultura grega. Em seguida, sua indumentária romana tem um *clavus,* símbolo da elite romana, quer dizer, que 'Αφροδιτε – *Aphrodite* se fez representar na sua máscara com um retrato no estilo romanizado, como um modo de ascender no *status* social.

Entretanto, podemos perceber uma miscigenação cultural (grega, romana e egípcia) desta iconografia funerária a partir do que já foi citado e dos vários elementos da cultura faraônica, tal como observamos nas unidades de registro com relação à cultura egípcia. Por exemplo, vemos Harpócrates, dois braceletes com serpentes (provavelmente deusas Uadjit, que protegem o Delta do Nilo), um abutre que representa a deusa Nekhbet (que protege o Vale do Nilo). Essa mesma divindade aparece também em seu penteado, como vemos no quadro acima. Ainda, no que concerne à cultura faraônica, nos damos conta de que a morta segura na sua mão direita, uma guirlanda de rosas associada ao deus Osíris. A unidade de numeração com relação à cultura faraônica atinge o número 7 (uma grande maioria) e é a mais representada no quadrado. Isto quer dizer, concluindo, que **esta morta grega** com o nome da deusa grega

---

[93] *Ibidem,* p. 142.

do amor ᾿Αφροδιτε – *Aphrodite*, embora ela tenha um **retrato no estilo romanizada em sua máscara**, ela **empregou uma grande quantidade de elementos faraônicos** e isto nos demonstra **uma clara miscigenação entre as culturas grega, romana e egípcia.**

Resumindo, a falecida de nome **grego** ᾿Αφροδιτε – *Aphrodite* tem uma aparência **grega e romana** como se vê no quadrado acima, entretanto, **ela sem dúvida adotou a cultura egípcia** como nos damos conta das categorias temáticas do mesmo quadro. É um caso, portanto, de **miscigenação cultural com a egipcianização de uma máscara em princípio romanizada e helenizada.** No entanto, a morta grega (ver seu nome) adotou elementos egípcios.

Figura 9 - Retrato de uma mulher em caixa pintada e dourada[94]

Proveniência: Hawara.

Data: 40 – 60 d.C.

Localização atual: Museu Petrie de Arqueologia Egípcia – Londres.

Fonte: WALKER, Susan e BIERBRIER, Morris. Ancient Faces. Mummy Portraits from Roman Egypt. Londres: Bristish Museum Press, 1997, p. 81

---

[94] WALKER, Susan; BIERBRIER, Morris (iconografia e descrição destes autores), *in: op. cit.*, p. 80-81. Livre tradução minha do inglês para português.

A mulher desta máscara está vestida com uma túnica e um *clavus* vermelho escuro. Sobre a túnica há uma corrente de ouro com imagens de Serápis, Harpócrates e Ísis. Serápis é um deus que surgiu no Egito Ptolomaico para legitimar os reis lágidas e depois também os imperadores romanos. Harpócrates, que é Hórus criança, apareceu no fim da época faraônica. Ísis é uma das mais importantes deusas do Egito desde à época dos Faraós. Sobre seus dois braços, ela usa braceletes com duas cabeças de serpentes (provavelmente deusas Uadjit), cada um deles. As sobrancelhas estão pintadas no modo egípcio.

Os cabelos encaracolados, sem divisão no meio, podem fazer referência a uma data do começo dos anos 40 d.C. O penteado tem referência com Messalina, a segunda mulher do imperador Cláudio e as joias são pertinentes a uma data dos imperadores Cláudio ou Nero.

Ela segura na sua mão direita uma guirlanda de rosas, que é um símbolo representante do deus Osíris.

Quadro 8 - Quadro de Leitura e Análise da Iconografia

Culturas	Categorias Temáticas	Unidades de Registro	Unidades de Numeração
Egípcia	joias / guirlanda / deuses	corrente de ouro com imagens de Sarapis(2), Harpocrates(2) et Isis(2) braceletes com duas cabeças de serpentes (provavelmente deusas Uadjit), cada um deles.(2) guirlanda de rosas (deus Osiris)	9
	maquiagem	as sobrancelhas são pintadas de maneira egípcia	1
Grega	-	-	0
Romana	indumentária	túnica(2) e um *clavus* vermelho escuro	3
	joias	Pertinentes ... imperadores Cláudio ou Nero.	1
	penteado	os cabelos encaracolados sem divisão no meio ..., penteado tem referência com Messalina, a segunda mulher do imperador Cláudio	2

Fonte: o autor

Explicação do Quadro

Esta máscara, cujo olho esquerdo está faltando, nos mostra a partir do quadro acima que não há nada com relação à cultura grega. Contudo, a soma de 6 unidades de registro se refere à cultura romana e 10 o somatório da cultura faraônica (portanto, praticamente o dobro da romana).

Não sabemos o nome da defunta, entretanto, a aparência, à primeira vista, desta máscara é romanizada. Se observarmos as unidades de registro da cultura romana, percebemos que a morta está vestida com uma túnica e um *clavus,* símbolo da elite de Roma. Em seguida, ela usa joias da época dos imperadores Cláudio (41 a 54 d.C.) e Nero (54 a 68 d.C.), sobretudo seus cabelos têm um penteado semelhante àquele de Valéria Messalina, a segunda esposa do imperador Cláudio. Deste modo, a meu ver, podemos constatar que **a morta é uma romana**, talvez mulher de um alto funcionário romano no Egito ou de um destacado militar.

Porém, para o momento de sua morte nos damos conta que foi utilizada uma maquiagem egípcia e joias e símbolos (como a guirlanda de rosas) egípcias. Inicialmente, uma corrente de ouro com a imagem do deus alexandrino Serápis, que tinha legitimado os reis Ptolomeus e depois os imperadores romanos. Harpócrates, o Hórus criança e sua mãe, Ísis, aparecem igualmente nesta iconografia. Para terminar, os braceletes com as cabeças de serpentes (provavelmente deusas Uadjit) e a guirlanda de rosas, símbolo do deus faraônico Osíris. **Trata-se, portanto, de uma romana que adotou a cultura e a religião egípcias na sua máscara mortuária.**

Por conseguinte, **vemos a egipcianização desta imagem com traços de romanização, mas nada de helenismo.** Igualmente, **nesta iconografia mortuária há, sem dúvida, uma miscigenação entre as culturas romana e egípcia.**

CAPÍTULO V

AS MORTALHAS

Figura 10 - Retrato de uma mulher sobre uma mortalha de linho[95]
Proveniência: Desconhecida, mas talvez de Antinoopolis.
Data: 170 – 200 d.C.
Localização atual: Museu Metropolitan – Nova York.

Fonte: WALKER, Susan e BIERBRIER, Morris. Ancient Faces. Mummy Portraits from Roman Egypt. Londres: Bristish Museum Press, 1997, p. 108

A mulher está vestida com uma túnica branca com *clavi* pretos estreitos. Um manto branco está sobre o braço direito. Sobre seus pés, há meias e sandálias. As joias são muito ricas: brincos de ouro com pérolas

---
[95] *Ibidem* (iconografia e descrição destes autores), p. 107-108. Livre tradução minha do inglês para português.

e dois colares dourados. Em seus dois pulsos há braceletes de ouro (quatro no punho direito e dois no punho esquerdo). Dois anéis estão no dedo mínimo da mão esquerda e no terceiro dedo da mão direita.

Os cabelos negros estão presos para trás da cabeça.

De cada lado da morta há um deus chacal faraônico. À sua direita, vemos Anúbis, o chacal preto, sua coroa pschent (poder sobre todo o Egito) (a coroa branca do Alto Egito inserida na coroa vermelha do Baixo Egito) e tem na sua mão direita o símbolo ankh, que significa vida. De seu outro lado (o esquerdo), vemos parcialmente o deus Upuaut (chacal branco e que abre os caminhos do morto na direção do mundo de Osíris, o Além). A mortalha está danificada e não podemos ver este deus inteiramente.

Quadro 9 - Quadro de Leitura e Análise da Iconografia

Culturas	Categorias Temáticas	Unidades de Registro	Unidades de Numeração
Egípcia	deuses	À sua direita vemos Anúbis, vemos parcialmente o deus Upuaut	2
	coroa	coroa pschent, a coroa branca, a coroa vermelha	3
	amuleto	o símbolo *ankh* que significa vida	1
Grega	-	-	0
Romana	indumentária	Túnica branca com *clavi* pretos estreitos, manto branco sobre o braço direito	4
	joias	as joias são muito ricas	1

Fonte: o autor

Explicação do Quadro

Inicialmente, vemos que não há nada de componente grego nesta iconografia que analisamos agora, embora ela tenha talvez vindo de Antinoopolis, uma das quatro cidades gregas do Egito Romano. As unidades de registro com relação à cultura de Roma nos mostram **uma rica mulher romana** devido à imensa quantidade de suas joias e, sobretudo, de **sua indumentária, uma túnica com *clavi* (símbolo da elite romana) e seu manto sobre o braço direito, como de hábito dos romanos.** Cremos que esta defunta era casada com um importante funcionário romano no Egito.

Entretanto, novamente nos damos conta **que uma romana adotou a religião e,** em geral, **a cultura egípcia para ser representada sobre sua mortalha.** Começamos por indicar a presença de 2 deuses diretamente ligados à morte no Antigo Egito: Anúbis, o chacal preto, o deus do embalsamamento, aquele que conduz o morto ao tribunal funerário presidido por Osíris, no qual o coração *ib* (simbólico) do morto é pesado com a pluma da deusa Maat (da justiça, da verdade e da ordem). Anúbis também é responsável por regular o fiel da balança. Anúbis se encontra, nesta iconografia, à direita da morta. Como as unidades de registro nos mostram, Anúbis porta a coroa *pschent*, que significa o poder sobre as duas terras do Egito, a Alta e a Baixa, e ele segura na sua mão direita o símbolo *ankh* (que significa vida para a morta no Além). **Portanto, esta defunta romana adotou as crenças faraônicas para a sua morte.** Um claro caso de miscigenação cultural entre a falecida romana e sua passagem para o Além egípcio.

À esquerda da defunta, vemos parcialmente (porque a mortalha está danificada) o deus Upuaut, o chacal branco, que abre os caminhos para os mortos na direção do mundo de Osíris, o Além.

Para terminar, vemos que no caso da presente iconografia, há praticamente um equilíbrio entre as culturas egípcia (seis unidades de registro) e a romana (cinco unidades de registro). É uma imagem mortuária na qual percebemos a romanização e a egipcianização. Entretanto, nos damos conta, igualmente, de **uma clara miscigenação entre as culturas romana e egípcia.**

Resumindo, trata-se de **uma morta romana (por sua indumentária, joias e seu penteado), que adotou a religião funerária faraônica** na sua mortalha, quando vemos os deuses Anúbis e Upuaut que a cercam e inclusive o símbolo *ankh* (vida para o Além, presidido pelo deus Osíris) na mão de Anúbis. Portanto, há uma **miscigenação cultural nesta iconografia com a egipcianização no aspecto religioso funerário de uma mulher romanizada.**

Figura 11 – Retrato de um rapaz com Osíris à esquerda e Anúbis à direita sobre uma mortalha de linho[96]

Proveniência: Desconhecida, entretanto, provavelmente de Saqqara.

Data: 140 – 180 d.C.

Localização atual: Museu do Louvre – Paris.

Fonte: WALKER, Susan e BIERBRIER, Morris. Ancient Faces. Mummy Portraits from Roman Egypt. Londres: Bristish Museum Press, 1997, p. 111

---
[96] *Ibidem* (iconografia e descrição destes autores), p. 110-111. Livre tradução minha do inglês para português.

Como em outras mortalhas deste tipo, que vêm de Saqqara, a cabeça e os ombros do morto foram postos em volta do tecido. O jovem está vestido com uma túnica branca, com *clavi* pretos estreitos e um manto branco que está enrolado em volta do braço direito.

Ele é mostrado no momento da passagem para a proteção de Anúbis, que o abraça. Anúbis conduzirá o morto em direção a Osíris, que preside o mundo do Além. Podemos nos dar conta, portanto, que o **morto romano** (ver todos os detalhes de sua vestimenta) **adotou o caminho dos mortos egípcios.** Todos os três estão dentro de um barco.

O retrato da cabeça e dos ombros do jovem, acrescida ao tecido original foi provavelmente feito no começo ou na metade do período da dinastia dos Antoninos (século II d.C.).

Prosseguem nos ensinando Susan Walker e Morris Bierbrier[97] (em suas iconografias e descrições aqui apresentadas) que esta mortalha, então, oferece uma interessante associação de formas gregas, romanas e egípcias de representação do indivíduo. O retrato do peito colocado é uma noção romana. A posição das figuras de pé sobre o pedestal é típica da cultura greco-helenística e o contexto da cena é inteiramente egípcio. Em realidade, esta iconografia nos mostra, de uma maneira muito resumida, a psicostasia (a passagem do morto ao mundo regido por Osíris, o Além), assim como nos revelarão imagens do próximo capítulo. Por esta razão decidi inserir no final do **capítulo VI – As Estelas Funerárias**, uma imagem completa de uma psicostasia, que foi encontrada na mortalha de Hunefer (início do século XIII a.C.), escriba do Faraó Seti I, pai de Ramsés II.

---

[97] *Idem.*

Quadro 10 - Quadro de Leitura e Análise da Iconografia

Culturas	Categorias Temáticas	Unidades de Registro	Unidades de Numeração
Egípcia	deuses	Anúbis, Osíris	2
	contexto da cena	inteiramente egípcia, psicostasia	2
Grega	ambiente	Todos os três estão dentro de um barco, a posição das figuras de pé sobre o pedestal é típica da cultura greco-helenística	2
Romana	corpo do morto	a cabeça e os ombros do morto foram postos em volta do tecido	1
	vestimenta	túnica branca, com *clavi* pretos estreitos, manto branco que está enrolado em volta do braço direito	4
	dinastia	Antoninos	1
	retrato do morto	o retrato do peito colocado é uma noção romana	1

Fonte: o autor

Explicação do Quadro

Inicialmente, é necessário explicar que esta iconografia mortuária mostra o defunto que é levado por Anúbis à presença de Osíris, representando aqui uma imagem da psicostasia do morto quando ele é julgado no tribunal funerário de Osíris pesando seu coração *ib* (simbólico) com a pluma da deusa Maat. Aqui a imagem é reduzida. É importante ressaltar que nesta iconografia percebemos as 3 culturas (egípcia, grega e romana) tal como vemos no quadrado acima. É uma imagem, portanto, na qual **há a egipcianização, o helenismo e a romanização,** entretanto, é importante observar neste quadro que a unidade de numeração com relação à cultura romana atinge a soma de 7, quer dizer, que há 7 unidades de registro no que concerne a esta cultura, a mais representada aqui. O número total da cultura egípcia é 4 e a grega, 2. É, portanto, uma iconografia mais romanizada, porém não nos impede de registrar **uma miscigenação entre suas três culturas.** Vemos que o morto e os deuses Anúbis e Osíris estão em um barco e sobre um pedestal que nos leva à cultura helênica. No que tange à cultura romana, é interessante constatar que a cabeça e os ombros do defunto foram acrescentados no tecido em volta, portanto, após a confecção da mortalha. A vestimenta do falecido é tipicamente romana: os *clavi* (que nos revelam a alta escala social do morto) e o característico manto à volta dos seus braços. O quadro também nos informa que o retrato do defunto acrescentado é uma noção romana e indica que esta iconografia é do século II d.C., a época da dinastia dos imperadores Antoninos. Finalmente, a unidade de registro da cultura egípcia nos revela que o contexto da cena é todo faraônico (uma parte da psicostasia do morto). Em resumo, pela quantidade de elementos romanos que vemos neste quadro acima, trata-se de **um jovem absolutamente romano** e, de acordo com o quadro, ele encontra-se **em um ambiente grego.** Portanto, **há romanização e helenismo nesta imagem.** Entretanto, mais uma vez **este mesmo quadro nos indica que o contexto da cena é inteiramente egípcio: a psicostasia,** quer dizer, a passagem do morto das mãos de Anúbis ao mundo do Além (de Osíris). Se **o jovem romano** quer entrar no mundo de Osíris, embora a imagem de sua mortalha tenha romanização, helenismo e egipcianização, **o jovem morto teve que adotar, sem dúvida, a cultura faraônica para ele,** por conseguinte vemos aqui um outro caso de **miscigenação cultural na qual um romano adota a cultura egípcia.**

É muito importante lembrar a esta altura deste trabalho, ao menos uma entre as duas importantes afirmações da Professora Françoise Dunand, no que concerne à morte no Egito Romano, as quais eu já mencionei neste estudo antes de começar a analisar suas iconografias funerárias, núcleo desta obra. O ensinamento da Professora Dunand[98], que merece ser transcrito neste momento, com relação a esta iconografia que acabamos de analisar, é:

> A partir da época ptolomaica, os gregos e depois os romanos adotam, ao menos em parte, os ritos e as crenças dos egípcios. Para **se fazer enterrar** "ao modo egípcio" [...]. [99]

---

[98] DUNAND, Françoise. *Le Matériel Funéraire, in: op. cit.,* p. 152.

[99] Eu sublinho em negrito estas palavras, por sua importância.

CAPÍTULO VI

AS ESTELAS FUNERÁRIAS

Figura 12 - Estela funerária inscrita de calcário de Petemin[100]
Proveniência: Abydos.
Data: 160 – 240 d.C.
Localização atual: Escola de Arqueologia, Estudos Clássicos e Orientais de Liverpool – Inglaterra.

Fonte: WALKER, Susan e BIERBRIER, Morris. Ancient Faces. Mummy Portraits from Roman Egypt. Londres: Bristish Museum Press, 1997, p. 154

---

[100] WALKER, Susan; BIERBRIER, Morris (iconografia e descrição destes autores), in: op. cit., p. 154. Livre tradução minha do inglês para português.

Esta estela em bom estado de conservação é dividida em três registros por linhas esculpidas. No registro superior há um tradicional disco solar alado com duas *uraei* (serpentes de proteção) penduradas.

Mais abaixo, Anúbis (que porta a coroa *pschent*) vigia a múmia do morto deitada dentro de um sarcófago. Atrás do sarcófago, Ísis está de pé, e aos pés da múmia vemos Osíris usando a coroa *atef* segurando em suas mãos um cetro e um flagelo. Anúbis e Ísis levantam suas mãos direitas em direção a Osíris em um gesto de adoração a ele. O mumificado Petemin tem cabelos curtos típicos dos retratos dos jovens do final do século II d.C. ou do início século III. É necessário registrar que **Petemin, o nome do defunto, é egípcio,** vindo do deus faraônico Min (da fertilidade e que abre os caminhos do Oriente).

A inscrição grega está embaixo da iconografia. A tradução é:

> Petemin, filho de Ekois, filho de Imouthis (ou Petemin Ekoisios filho de Imouthis), que morreu antes de seu tempo. Ele viveu dezessete anos.

Para além de *Petemin, Imouthis* é um outro nome egípcio. Seria ele, portanto, um rapaz egípcio? Embora a inscrição embaixo esteja escrita em língua grega, não se deve esquecer que esta estela funerária veio de Abydos, lugar de culto ao deus Osíris na época faraônica e no Alto Egito, muito longe das cidades gregas do país.

A partir das anotações acima, a meu ver, **o morto é egípcio** e descende de uma família igualmente egípcia. Se observarmos o quadro abaixo, nos daremos conta no momento de sua análise, que só há uma unidade de registro grega (inscrição), enquanto todas as outras que somam 15 unidades de numeração, ali incluídos os nomes, são todas egípcias. E não há nada romano.

Quadro 11 - Quadro de Leitura e Análise da Iconografia

Culturas	Categorias Temáticas	Unidades de Registro	Unidades de Numeração
Egípcia	deuses	disco solar alado (Rá), Anúbis(2), Ísis(2), Osíris(2)	7
	coroas	coroa *Atef* coroa *Pschent*	2
	símbolos	Um cetro et um flagelo, *uraei*	4
	nomes	Petemin, Imouthis	2
Grega	texto	inscrição	1
Romana	-	-	0

Fonte: o autor

Explicação do Quadro

Embora esta estela funerária venha de Abydos, desta vez há uma inscrição em grego, como nos informa a única unidade de registro da cultura grega, no quadro acima. Isto não prova nada com relação à identidade do morto. Diferentemente de outras iconografias funerárias deste trabalho, a inscrição em grego, neste caso, não foi escrita para que os amigos e, sobretudo, os familiares (que aliás são egípcios) pudessem compreender a mensagem. O grego é somente um detalhe do status social que o morto pretendeu alcançar. Não há nada de romanização nesta fonte.

Todas as referências faraônicas, por outro lado, nos dão o verdadeiro aspecto desta estela ora analisada. Trata-se de **um morto egípcio** que manteve **suas crenças funerárias faraônicas.**

Vemos nesta iconografia, inteiramente egípcia, sete das unidades de numeração relativas aos deuses, como observamos na primeira categoria temática e na primeira unidade de registro da cultura egípcia. Notamos mencionados os deuses Rá, Anúbis, Ísis e

Osíris, estes três últimos por duas vezes. A coroa Atef do deus Osíris é também visível, assim como seu cetro e seu flagelo. Excepcionalmente, o deus Anúbis é representado portando a coroa Pschent, a qual, em verdade é a coroa de Hórus e dá o poder sobre todo o Egito.

Em resumo, **Petemin é um nome egípcio** (embora escrito em grego *Petemin – Petemin*) que vem do deus Min. Pela quantidade dos componentes egípcios nesta estela, **o morto egípcio manteve sua cultura de origem.** Nesta estela funerária, a meu ver, não se pode falar de miscigenação cultural, mas de **manutenção da cultura egípcia do falecido egípcio Petemin.**

Figura 13 - Estela funerária inscrita de Ploutogenēs[101]
Proveniência: Abydos.
Data: Século I ao III d.C.
Localização atual: Museu de Merseyside County, Liverpool – Inglaterra.

Fonte: WALKER, Susan e BIERBRIER, Morris. Ancient Faces. Mummy Portraits from Roman Egypt. Londres: Bristish Museum Press, 1997, p. 155

---
[101] *Ibidem* (iconografia e descrição destes autores), p. 155. Livre tradução minha do inglês para português.

No arco do alto da estela há um disco solar alado, de onde estão penduradas duas *uraei*. Embaixo e à direita, há uma representação do morto, aparentemente sem cabelo e uma longa túnica justa. O chacal Anúbis conduz o defunto na direção de Osíris (a psicostasia), que porta a coroa branca sobre sua cabeça, suas mãos segurando contra o seu peito o flagelo e o cetro. Atrás de Osíris, Ísis está de pé e ergue seu braço direito em direção a Osíris, em sinal de adoração.

Mais abaixo, há **3 linhas escritas em grego,** as quais podemos traduzir: "Ploutogenēs filho de Sisyphos, sua mãe é Sisyphis, irmão de Órion, na idade de 25 anos, Licopolyte." **Não há sinais de influência romana** nesta representação.

Quadro 12 - Quadro de Leitura e Análise da Iconografia

Culturas	Categorias Temáticas	Unidades de Registro	Unidades de Numeração
Egípcia	deuses	disco solar alado (Rá), Anúbis, Osíris (3), Ísis	6
	coroas	coroa branca	1
	símbolos	o flagelo e o cetro, duas uraei	4
	representação	a psicostasia	1
Grega	inscrição	três linhas em grego	1
	indumentária	túnica longa	1
	nomes	Plou=togenhj – Ploûtogenēs, *Sisyphos, Sisyphis, Órion*	4
Romana	-	-	0

Fonte: o autor

Explicação do Quadro

Esta estela funerária vem de Abydos, como aquelas que acabei de analisar acima. Nesta estela, **não há nada da cultura romana e a cena é egípcia** com uma **inscrição em grego**. Embora Abydos seja distante da helenizada Alexandria, este artefato mortuário, aqui analisado, nos mostra que a cultura grega está presente na metade das unidades de registro. Se examinarmos o quadro acima, nos damos conta de que a soma das unidades de numeração, com relação à cultura grega é 6, enquanto no que concerne à cultura egípcia é 12 e suas categorias temáticas nos mostram que o contexto da cena é faraônico.

Com referência à cultura grega, devemos prestar atenção aos nomes citados na inscrição da estela. Todos os quatro, incluindo, sobretudo, o do morto, são gregos. Isto quer dizer que a genealogia do defunto é helênica: "[...] filho de Sisyphos, sua mãe é Sisyphis, irmão de Órion [...]."

O nome do morto é igualmente grego: Πλούτογενης – Ploûtogenēs, tal como lemos no texto grego desta estela. O nome vem de πλοῦτος - ploûtos (riqueza) + γὲνεσις – gênesis (origem), portanto, Πλούτογενης – Ploûtogenēs (aquele que nasceu rico). O nome do morto, de seus pais e de seu irmão (todos gregos) nos mostram que **o defunto é grego.**

Entretanto, ele adotou a cultura egípcia para representar a sua morte com uma cena que se aproxima da psicostasia e porque ele não tem cabelo e sua túnica é longa. Portanto, ele quis "[...] **se fez enterrar 'à moda egípcia' [...]**" de acordo com as importantes palavras já mencionadas da Professora Dunand.[102] **Aqui não há romanização, porém constatamos o helenismo e a egipcianização** e, por consequência, **uma miscigenação entre as culturas grega e egípcia.**

Em resumo, Πλούτογενης – Ploûtogenēs, o morto, tem um nome grego, sua inscrição funerária embaixo de sua estela começa por seu nome em língua helênica e segue em três linhas. Trata-se de

---

[102] DUNAND, Françoise. *Le matériel funéraire, in: Op. Cit.,* p. 152.

um grego que, entretanto, **adotou a cultura faraônica** (vejamos a grande quantidade de deuses egípcios) na sua estela. Ao contrário disto, não há nada de romano.

Figura 14 - Estela funerária de calcário com inscrições em hieróglifos e cenas mostrando o morto conduzido por Anúbis na direção de Osíris[103]
Proveniência: Abydos.
Data: 90 – 150 d.C.
Localização atual: Escola de Arqueologia, Estudos Clássicos e Orientais de Liverpool – Inglaterra.

Fonte: WALKER, Susan e BIERBRIER, Morris. Ancient Faces. Mummy Portraits from Roman Egypt. Londres: Bristish Museum Press, 1997, p. 154

Esta iconografia mostra, uma vez mais, um resumo da psicostasia do morto, quando ele entra conduzido por Anúbis na sala das duas verdades onde seu coração simbólico *ib* é pesado em uma balança com a pluma de avestruz da deusa Maat, que simboliza a ordem, a verdade e a justiça.

---

[103] WALKER, Susan; BIERBRIER, Morris (iconografia e descrição destes autores) in: *op. cit.*, p. 153-154. Livre tradução minha do inglês para português.

Se o coração *ib* do morto tivesse o mesmo peso da pluma de Maat ou fosse mais leve, o defunto seria absolvido neste julgamento do tribunal presidido por Osíris e poderia entrar no seu mundo, o Além.

Especificamente nesta imagem acima, podemos ver que a arcada do alto da estela tem um disco solar alado e um *uraeus (símbolo de proteção)*, embora esteja muito danificado.

Na cena embaixo, o defunto está vestido com uma túnica e um manto, este sobre o ombro esquerdo. Trata-se de uma vestimenta de **um romano.** Cabelos "à moda romana".

Por trás do morto, vemos a deusa Nephtys e ele é conduzido por Anúbis na direção da múmia de Osíris. Anúbis e Nephtys estão em posição de reverência a Osíris, com seus braços levantados em sua direção. Em frente a Osíris, há uma mesa de oferendas com alimentos, talvez pães. Osíris porta a coroa branca e segura nas suas mãos o cetro e o flagelo.

Atrás de Osíris vemos Ísis de pé, agora perdida (estela quebrada), mas com sua mão sobre o ombro esquerdo de Osíris. Há colunas de textos em hieróglifos sobre os personagens registrando o que os deuses disseram, mas sem dar o conteúdo de seus discursos. Nos hieróglifos abaixo da cena há uma parte dos discursos dos deuses Ra, Thot e Hórus. Apesar da aparência romanizada do morto, ele veste seu manto de uma maneira diferente das outras imagens.

O contexto egípcio demonstra algum interesse dos deuses locais na tradicional cultura egípcia.

Vale a pena repetir as palavras da Professora Dunand:[104]

> A partir da época ptolomaica, os gregos e depois os romanos adotam, ao menos em parte, os ritos e as crenças dos egípcios **para se fazer enterrar "à moda egípcia"[...].**[105]

---

[104] DUNAND, Françoise. *Le matériel funéraire, in: op. cit.,* p. 152.

[105] Eu ressalto, em negrito, estas palavras por sua importância.

Quadro 13 - Quadro de Leitura e Análise da Iconografia

Culturas	Categorias Temáticas	Unidades de Registro	Unidades de Numeração
Egípcia	deuses	Anúbis, pluma de Maat (2), Osíris (7), disco solar alado (Ra), Nephytis, Ísis, Thot, Horus	15
	mitologia	seu coração simbólico *ib*	1
	coroa	coroa branca	1
	símbolos	o cetro e o flagelo, um *uraeus*	3
	textos	colunas de textos em hieróglifos (2)	2
	contexto da cena	Psicostasia. O contexto egípcio demonstra interesse dos deuses locais na tradicional cultura egípcia	2
Grega	-	-	0
Romana	indumentária	túnica, manto	2
	aparência	aparência romanizada do morto	1
	penteado	Cabelos "à moda romana"	1

Fonte: o autor

Explicação do Quadro

O fato desta iconografia vir de Abydos (a cidade onde o deus Osíris era venerado durante a época faraônica) nos mostra a força da cultura egípcia. Além disso, Abydos se encontra no Alto Egito, muito longe da helenizada Alexandria, então é muito normal que a cultura grega não apareça, portanto, não há **nada de helenismo nesta imagem.** Entretanto, enquanto a cultura romana só é notada com relação à aparência e à vestimenta do defunto com a soma do número quatro nas unidades de numeração, a cultura egípcia é presente em todo o resto da cena porque trata-se de um novo resumo da psicostasia. A soma das unidades de registro (igualmente as de numeração) da cultura egípcia é muito significativa: 24 com o alto número 15 somente para os deuses. **O morto está vestido "à moda romana"** (túnica e manto drapeados), isto que lhe dá uma aparência romanizada. Aliás, a meu ver, **o defunto é um romano,** embora os textos estejam escritos em língua egípcia (hieróglifos), para que, neste caso, os vivos possam compreender as mensagens, para dar à estela a aparência completa de uma passagem do morto de Anúbis a Osíris, da vida terrestre àquela do Além, com todas as palavras originais da psicostasia, registradas em hieróglifos (em língua egípcia).

O resto da **cena desta estela funerária é toda faraônica,** como podemos perceber vendo como mencionado acima, a soma de 24 nas unidades de registro egípcias destacadas 15 divindades: Anúbis; Maat (2 vezes); Osíris (7 vezes), o que mostra sua dupla importância como presidente do tribunal funerário da psicostasia do morto e como regente do mundo dos mortos; o deus Rá (o disco solar alado); Nephtys; Ísis; Thot e Hórus; todas as divindades que fazem parte da pesagem do coração *ib* do defunto com a pluma da deusa Maat, na psicostasia dele. É importante também ressaltar a coroa branca do poder sobre o Alto Egito, o cetro e o flagelo de Osíris e as *uraei.* O mais importante, entretanto, é todo o contexto da cena. A última unidade de registro da cultura egípcia nos mostra como categoria temática o contexto da cena dizendo: "Psicostasia. O contexto egípcio demonstra interesse dos deuses locais na tradicional cultura egípcia", '[...] **para se fazer enterrar "à moda egípcia'** [...]" segundo as relevantes palavras, que eu repito, da Professora Françoise Dunand.[106] Logo, esta

---

[106] DUNAND, Françoise. *Le matériel funéraire, in: op. cit.,* p. 152.

iconografia funerária nos revela que a elite do Egito Romano (os próprios romanos) tinha de fato um enorme interesse na cultura faraônica. Isto nos prova **a clara miscigenação entre a cultura romana** (o defunto, seu penteado e sua indumentária) e **aquela egípcia** (a psicostasia e os deuses).

A psicostasia: a pesagem do coração *ib* com a pluma da deusa Maât

Acima analisamos quatro iconografias funerárias que nos revelam pedaços da psicostasia: a) **Retrato de um rapaz com Osíris à esquerda e Anúbis à direita sobre uma mortalha de linho** (no final do capítulo anterior), e três estelas (no presente capítulo), b) **Estela funerária inscrita de calcário de Petemin,** c) **Estela funerária inscrita de Ploutogenēs;** d) **Estela funerária de calcário com inscrições em hieróglifos e cenas mostrando o morto conduzido por Anúbis na direção de Osíris.**

Para melhor compreendermos estas iconografias veremos abaixo uma imagem de uma psicostasia completa, uma parte de uma mortalha do escriba Hunefer do Faraó Seti I, pai de Ramsés II (XIX dinastia e século XIII a.C.), que influenciou estas quatro iconografias da época imperial. Embora seja um pedaço de um sudário, eu a coloquei aqui para ajudar a explicar as quatro imagens acima citadas. Trata-se da **psicostasia de Hunefer** que viveu em Tebas durante o reinado de Seti I de 1290 a 1279 a.C., portanto, esta iconografia data de cerca de 1280 a.C. A imagem está logo abaixo.[107] A psicostasia é uma das mais importantes do ritual funerário faraônico e pertinente, como constatamos neste trabalho, sua influência em algumas iconografias mortuárias, já citadas no parágrafo acima.

---

[107] PARKINSON, Richard. *Hunefer and his Book of the Dead.* Londres: The British Museum Press, 2000. p. 1.

Figura 15 – A Psicostasia de Hunefer

Fonte: PARKINSON, Richard. Hunefer and his Book of the Dead. Londres: The British Museum Press, 2010, p. 20 – 21

Vemos, inicialmente, o deus Anúbis que conduz o morto Hunefer à sala das Duas Verdades ou a sala de julgamento do morto. Duas verdades porque enquanto o defunto se declara inocente, seu coração simbólico *ib* (porque o verdadeiro coração permanece no corpo morto) pode trair o falecido e informar aos deuses que ele é culpado. A psicostasia serve para pesar o coração *ib* do defunto com a pluma de avestruz da deusa Maat (que representa a justiça, a ordem e a verdade). Anúbis segura na sua mão esquerda um símbolo *ankh* (vida) porque o defunto quer atingir a vida do Além. Anúbis conduz, com sua mão direita, o morto Hunefer ao tribunal cujo presidente é Osíris.

Em seguida, vemos Anúbis regulando a balança. Em um prato da balança fica o coração *ib* do morto e no outro a pluma de Maat. Damo-nos conta de que os dois têm o mesmo peso, quer dizer, que o defunto foi absolvido. Ao lado de Anúbis, sob a balança, vemos a criatura monstruosa Ammit, que espera o resultado do julgamento para devorar o coração *ib* do morto, se ele for condenado. Mas isto não acontece nunca (porque esta imagem da psicostasia é feita em vida). Ammit é um ser composto por três animais dos quais os egípcios tinham mais medo: a cabeça de crocodilo, o corpo de leoa e a traseira de hipopótamo. À direita da balança, o deus escriba Thot escreve a sentença do julgamento, a qual absolveu o morto.

Em seguida, o deus Hórus (filho de Ísis e Osíris) apresenta o defunto ao deus Osíris, o qual será aceito no Além, presidido por esta divindade. Atrás de Osíris vemos sua irmã e esposa, a deusa Ísis e sua outra irmã, a deusa Nephtys, ambas com os braços erguidos adorando Osíris. Este é representado como uma múmia, usando sua coroa *atef* e segurando em suas mãos o cetro (realeza) e o flagelo (poder). Osíris está sentado em um trono que está simbolicamente sobre o rio Nilo. Diante do deus, há uma flor de lótus que significa renascimento porque ela se fecha durante a noite e abre novamente de manhã com a luz do sol. Sobre esta flor há quatro vasos que guardam os principais órgãos do morto e protegidos por quatro deuses: os pulmões – Hapi (cabeça de babuíno); o fígado – Amset (com cabeça humana); o estômago – Duamutef (cabeça de chacal) e os intestinos – Quebesenuf (cabeça de falcão). Sobre estes deuses e os vasos podemos ver o olho de Hórus, que significa regeneração.

Resumindo, esta imagem aparentemente anacrônica (século XIII a.C.) a este trabalho do Egito Romano (séculos I a.C. a V d.C.) serve para mostrar uma psicostasia completa da época faraônica, que nós vimos em "partes" em algumas iconografias funerárias aqui analisadas.

CAPÍTULO VII

OUTRAS ESTELAS FUNERÁRIAS

Figura 16 - Estela Funerária de C. Julius Valerius[108]
Proveniência: Alexandria.
Data: 225 a 250 d.C.
Localização atual: Museu do Brooklyn – Nova York.

Fonte: BOWMAN, Alan K. Egypt after the Pharaohs 332 BC – AD 642. Londres: British Museum Publications, 1986, p. 69 e FIRON, Fanny. La mort en Égypte romaine. De l'encadrement par le pouvoir romain à la gestion personnelle (de 30 av. J.-C. au début du IVe siècle ap. J. -C.). Milão: Silvana Editoriale, 2020, p. 313

---

[108] BOWMAN, Alan K. (Iconografia e descrição deste autor). *Op. Cit.*, p. 69. Livre tradução minha do inglês para o português et FIRON, Fanny (iconografia e descrição desta autora) *in: op. cit.,* p. 313. Livre tradução minha do francês para o português

Trata-se do epitáfio do bebê C. Julius Valerius, um pequeno cidadão romano por causa da sua *tria nomina*, filho de um soldado romano da 2ª legião do imperador Trajano, C. Julius Severus. A inscrição abaixo, escrita em latim, nos informa que o morto viveu 3 anos. A estela funerária nos mostra a representação de sua tumba com colunas em forma de papiros e no alto um frontão triangular. A criança está vestida com uma túnica romana e cercada de três divindades egípcias: na altura de seus ombros, o chacal Anúbis à direita e o falcão Hórus à esquerda, que usa a coroa pschent ou coroa de Hórus. Mais abaixo, ao lado de sua perna esquerda vemos outro chacal, Upuaut.

Quadro 14 - Quadro de Leitura e Análise da Iconografia

Culturas	Categorias Temáticas	Unidades de Registro	Unidades de Numeração
Egípcia	deuses	Anúbis, Hórus, Upuaut	3
	coroa	*pschent*	1
	arquitetura	colunas em forma de papiros	2
Grega	arquitetura	frontão triangular	1
Romana	nomes	C. Julius Valerius C. Julius Severus	2
	status social	soldado romano da segunda legião do imperador Trajano	1
	indumentária	túnica	1
	inscrição	escrito em latim, informa que o morto viveu 3 anos	1

Fonte: o autor

Explicação do Quadro

O quadro acima nos indica que há quase uma mesma quantidade de informações da cultura egípcia tanto quanto da cultura romana, a primeira tendo por soma o número seis na sua unidade de numeração e segunda tendo o número cinco, quer dizer que há seis elementos para a cultura egípcia na coluna das unidades de registro e cinco registros para a cultura romana. Isto nos mostra que esta iconografia é bem dividida entre estas duas culturas. Da grega somente vemos a arquitetura (frontão triangular) no alto da representação do túmulo. Ao contrário, nos damos conta da presença de duas colunas papiriformes (em forma de papiros) e a presença de três divindades faraônicas: Anúbis, Hórus (com sua coroa pschent[109]) e Upuaut. Com relação à cultura grega, só há uma unidade de numeração, que faz referência à arquitetura (o frontão triangular).

Em resumo, vemos aqui um caso no qual, **para o pequeno defunto (bebê) romano** C. Julius Valerius, **foi adotada a cultura egípcia** para a sua estela funerária, mesmo sendo filho de um soldado romano. Lembramos aqui as palavras da Professora Françoise Dunand[110]:

> No Egito, os ritos funerários da época romana permanecem fortemente marcados pela tradição faraônica[...]", tanto quanto "A partir da época ptolomaica, os gregos, depois os romanos, adotam, ao menos em parte, os ritos e as crenças dos egípcios. Para se fazer enterrar "ao modo egípcio" [...].

---

[109] A coroa pschent é a superposição da coroa branca do Alto Egito na coroa vermelha do Baixo Egito, dando a quem a usa o poder sobre todo o Egito. É também conhecida por "coroa do deus Hórus".

[110] DUNAND, Françoise. *Le matériel funéraire, in: op. cit.*, p. 152.

Figura 17 - Estela funerária de calcário inscrita de Τρυφον – Tryphon com um jovem rezando cercado por chacais[111]

Proveniência: Desconhecida.

Data: em torno de 55 a 70 d.C.

Localização atual: Museu Britânico – Londres.

Fonte: WALKER, Susan e BIERBRIER, Morris. Ancient Faces. Mummy Portraits from Roman Egypt. Londres: Bristish Museum Press, 1997, p. 152

O jovem Τρυφον – Tryphon, de etnia de origem grega, por causa do seu nome, está dentro do seu túmulo construído com colunas em formato de papiros e um frontão triangular no alto.

O rapaz ergue suas mãos com suas palmas viradas para frente, como um sinal que significa que ele reza e está feliz por ter sido aceito no Além, o mundo de Osíris. Seus cabelos estão penteados ao estilo do imperador Nero. Ele veste uma túnica longa pregueada até seus tornozelos e que passa por seu ombro esquerdo.

---

[111] WALKER, Susan; BIERBRIER, Morris. (Iconografia e descrição destes autores), in: op. cit., p. 151- 152. Livre tradução minha do inglês para português.

De cada lado do defunto há um chacal. Trata-se dos deuses faraônicos Anúbis e Upuaut.

Embaixo, há uma inscrição em grego na qual pode-se ler: "Tryphon que morreu jovem."

Quadro 15 - Quadro de Leitura e Análise da Iconografia

Culturas	Categorias Temáticas	Unidades de Registro	Unidades de Numeração
Egípcia	deuses	Anúbis, Upuaut, Osíris	3
	arquitetura	colunas em formato de papiros	2
	gestual	as palmas das mãos viradas	1
Grega	nome do morto	Τρυφον –Tryphon	1
	indumentária	túnica longa pregueada que passa por seu ombro esquerdo	1
	inscrição	"Tryphon que morreu jovem."	1
	arquitetura	frontão triangular	1
Romana	penteado	cabelos penteados ao estilo do imperador Nero	1

Fonte: o autor

Explicação do Quadro

Esta estela é muito interessante porque ela mistura **as culturas egípcia, grega e romana,** o que nos demostra **a existência de uma miscigenação cultural.** Inicialmente, nos damos conta de que o jovem defunto tem um nome grego: Τρυφον –Tryphon. Sua vestimenta é igualmente helênica: uma túnica longa que vai até os seus tornozelos, que é pregueada e cobre seu ombro esquerdo. A inscrição, mais abaixo, nesta iconografia nos prova que o defunto é grego porque a inscrição foi feita em língua grega para que sua família e amigos pudessem compreendê-la. Finalmente, uma parte de seu túmulo, representado na estela, tem uma influência da arquitetura grega clássica: o frontão triangular. Todas estas características helênicas mostram no quadro acima que a unidade de numeração com relação às unidades de registro da **cultura grega,** somam o número 4.

Apesar da etnia grega do morto, seus cabelos estão penteados ao estilo do imperador Nero. Isto nos mostra que o falecido foi representado com um **"retrato em pedra"** romanizado. O número 1, ao contrário, nos faz reconhecer **que a cultura romana é pouco presente** nesta estela. Se **o defunto é grego** e tem **um penteado romano,** em oposição **há componentes egípcios** nesta iconografia e que soma nas unidades de numeração: 6, quer dizer que a **cultura faraônica é a mais representada.** Observamos, incialmente, a presença de 3 divindades: Anúbis e Upuaut de cada lado do morto e seu gesto de alegria (as palmas das mãos viradas), que significa que o jovem morto agradece a Osíris por ter sido aceito no mundo que este deus preside no Além. Enfim, fora da religião e os rituais, a arquitetura de sua tumba tem também uma influência egípcia com as colunas papiriformes (em formato de papiros).

Em resumo, o que podemos deduzir analisando esta estela funerária, é que ela nos mostra um defunto grego vestido como grego, mas que quis ser representado com seus cabelos romanizados, porém ele adotou a religião egípcia tendo os dois deuses chacais à sua volta e pelo gesto com suas palmas viradas de suas mãos em sinal de alegria por ter sido aceito por Osíris no Além egípcio e com as colunas em formato de papiros de seu túmulo. Trata-se, portanto, de um claríssimo caso de **miscigenação entre as culturas, sobretudo grega e egípcia, contudo, também romana:** a romanização, o helenismo e a egipcianização estão ali presentes.

Figura 18 - Estela funerária de Φανιας - Phanias[112]
Proveniência: Kom Abu Bilou - antigo nome: Therenouthis.
Data: século I ao século III d.C. (250 a 300 d.C.).
Localização atual: Museu do Louvre – Paris.

Fonte: DUNAND, Françoise. Le matériel funéraire *in* **Égypte Romaine. L'autre Égypte.** Marseille: Catalogue édité à l'occasion de l'exposition Égypte Romaine. L'autre Égypte, conçue et réalisée par le musée d'Archéologie méditerranéenne, Marseille, 1997, p. 147

A descrição desta iconografia funerária é perfeitamente feita pela Professora Françoise Dunand, portanto, eu cito abaixo seus principais fragmentos:

> O personagem representado, gravado em baixo relevo, é um menino vestido com uma túnica e um manto plissado, os braços erguidos em postura de

---
[112] DUNAND, Françoise. *Le matériel funéraire.* (Iconografia e descrição desta autora) *in: op. cit.,* p. 146- 147.

oração, as palmas das mãos viradas, a cabeça e o busto de frente, as pernas em três quartos, uma estendida, a outra ligeiramente flexionada segundo o canon clássico grego. De um lado e de outro, simplesmente gravado, Anúbis e o falcão Hórus cujo tamanho reduzido sublinha a divindade do defunto que se tornou Osíris.

O epitáfio mencionando a idade do defunto "Phanias idade de 3 anos e 4 meses [...]".

Quadro 16 - Quadro de Leitura e Análise da Iconografia

Culturas	Categorias Temáticas	Unidades de Registro	Unidades de Numeração
Egípcia	gestual	os braços erguidos em postura de oração, as palmas das mãos viradas	2
	deuses	Anúbis, Hórus, Osíris,	3
Grega	postura do morto	a cabeça e o busto de frente as pernas em três quartos, uma estendida, a outra ligeiramente flexionada, canon clássico grego	5
	epitáfio / inscrição	Φανιας – Phanias, idade de 3 anos e 4 meses	1
	nome do morto	Φανιας – Phanias	1
	indumentária	uma túnica e um manto plissado	2
Romana	-	-	0

Fonte: o autor

Explicação do Quadro

Inicialmente, começamos a análise desta estela funerária pelo nome do defunto Φανιας – **Phanias**, o nome de um filósofo do estoicismo. **O morto é grego.** Além disso, sua postura está de acordo com "o canon clássico grego", de acordo com as palavras da Professora Françoise Dunand[113]: "A cabeça e o busto de frente, as pernas em três quartos, uma estendida, a outra ligeiramente flexionada.". Sua indumentária é caracteristicamente grega. As unidades de numeração com relação à cultura grega atingem o número 9, o que significa que há 9 unidades de registros desta cultura, muito importantes nesta iconografia. É, sem dúvida, a mais representativa do quadro.

Ao contrário, a cultura egípcia tem o número 5 nas unidades de numeração, indicando 5 unidades de registros faraônicos. Por exemplo, vemos a presença de três célebres deuses: Anúbis, Hórus e Osíris, os três, sem dúvida, ligados à morte e à passagem ao mundo do Além. O gestual egípcio do morto lembra aquele de Τρυφον – Tryphon (ver a estela funerária deste jovem grego, anteriormente), os braços erguidos e as palmas das mãos viradas em posição de oração e alegria por ter sido aceito no mundo de Osíris.

Em resumo, esta mistura nos mostra **a presença do helenismo e da egipcianização nesta estela e, sobretudo, uma miscigenação cultural entre o defunto grego (sua indumentária e posição das pernas) e seu gestual religioso e as divindades egípcias.** Isto quer dizer, portanto, que aqui nós vemos um grego que adotou os rituais religiosos faraônicos. Ele foi sepultado "[...] à moda egípcia [...]." [114]. Percebemos que **a cultura romana está ausente** desta iconografia com 0 nas unidades de numeração.

---

[113] *Ibidem*, p. 146.
[114] *Ibidem*, p. 152.

Figura 19 - Estela funerária de Απολλωνιος - Apollōnios[115]
Proveniência: provavelmente Abydos.
Data: início do século I d.C.
Localização atual: Museu do Louvre.

Fonte: DUNAND, Françoise. Le matériel funéraire *in* **Égypte Romaine. L'autre Égypte**. Marseille: Catalogue édité à l'occasion de l'exposition Égypte Romaine. L'autre Égypte, conçue et réalisée par le musée d'Archéologie méditerranéenne, Marseille, 1997, p. 149

A descrição desta imagem mortuária será uma vez mais por fragmentos dos textos da Professora Dunand:

> Essa estela arqueada apresenta um registro com uma cena de oferenda e na sua parte inferior um epitáfio de sete linhas escritas em grego: "Apollōˆnios, filho de Éros, neto de Éros [...] morreu prematuramente [...] idade de 34 anos, 5 meses e 25 dias. Senhor Serápis conceda triunfar de seus inimigos." (Tradução E. Bernand)."
> No arco encontramos a imagem tradicional do disco solar alado com duas cobras. Um personagem, provavelmente o defunto Apollōˆnios, é representado na parte direita da cena. Ele está vestido e penteado à moda egípcia: cabelos curtos e túnica deixando um ombro nu. O defunto está de pé diante de um altar [...] destinado a queimar as oferendas. [...]. A oferenda é endereçada a duas divindades. Na extrema esquerda, o deus Osíris

---
[115] *Ibidem* (Iconografia e descrição desta autora), p. 148-149.

é representado em baixo relevo com os seus atributos, insígnias de sua realeza sobre o mundo dos mortos: coroa atef, flagelo nekhekh e o cetro heqa segurados em suas mãos levadas ao seu peito. Ele está de pé sobre um pedestal [...]. Diante de Osíris se encontra o sinal do deus canídeo Upuaut gravado em baixo relevo[116].

Quadro 17 - Quadro de Leitura e Análise da Iconografia

Culturas	Categorias Temáticas	Unidades de Registro	Unidades de Numeração
Egípcia	deuses	Serápis, disco solar alado (Rá), Osíris(2), Upuaut	5
	indumentária	vestido à moda egípcia, túnica [...] um ombro nu	2
	penteado	penteado à moda egípcia, cabelos curtos	1
	coroa de Osíris	atef	1
	símbolos de Osíris	flagelo nekhekh, cetro heqa	2
	símbolos de Rá	duas cobras (uraei)	2
	oferendas	O defunto está de pé diante de um altar [...], destinados a queimar as oferendas, A oferenda é endereçada a duas divindades	3
Grega	nome do morto	Ἀπολλῶνιος – **Apollõnios**	1
	epitáfio / inscrição	Ἀπολλῶνιος – **Apollõnios** filho de Ἔρος – Éros -, neto de Ἔρος Éros, morto prematuramente,[...] idade de 34 anos, 5 meses e 25 dias	3
Romana	-	-	0

Fonte: o autor

---

[116] DUNAND, Françoise. Le matériel funéraire in Égypte Romaine. L›autre Égypte. Marseille: Musée d›Archéologie Méditerranéenne, 1997, p. 148-149

Explicação do Quadro

Inicialmente, não há **nada da cultura romana** nesta imagem, quer dizer que **não há romanização,** muito provavelmente porque a estela veio de Abydos, lugar de veneração do deus Osíris durante a época faraônica, localizado no Alto Egito e muito longe da helenizada e romanizada cidade de Alexandria. Em seguida, nos damos conta de que com relação à cultura grega, ali somente há o nome do morto e seu epitáfio inscrito em grego para que sua família e seus amigos pudessem ler. Isto nos revela que **o defunto pertence à etnia grega,** com uma **genealogia igualmente grega** *"[...] filho de* ῾Ἑρος – Éros - , neto de᾽ Ἑρος -Éros, [...]",* embora seja representado como um egípcio. Tal qual outros mortos analisados anteriormente, lembramos da expressão da Professora Dunand: "Para se fazer enterrar 'à moda egípcia'[...]".[117] Esta mesma egiptóloga nos ensina que o defunto "[...] está vestido e penteado à moda egípcia [...]".[118]

Prosseguimos a descrição desta imagem funerária revelando que o morto apresenta oferendas a duas divindades faraônicas: Osíris e Upuaut. Outros dois deuses da cultura egípcia são citados na descrição desta iconografia: Rá, que aparece na imagem alado, com duas cobras (*uraei*) e Serápis (deus que legitimou reis Ptolomaicos e imperadores romanos, portanto, um deus político). Como Osíris é mencionado duas vezes, a unidade de numeração com relação à categoria temática "deuses" atinge 5. No que se refere a Osíris, vemos a presença de sua coroa *atef* e seus dois símbolos que ele segura com seus braços junto a seu peito: o cetro *heqa* e a chibata *nekhekh.*

Todos estes elementos egípcios somam o número 16, aí incluídas as citações às oferendas. Isto nos mostra que **a egipcianização é muito forte nesta iconografia** no que concerne **ao morto. Embora ele seja grego,**᾽ Ἀπολλῶνιος – **Apollônios,** filho de ῾Ἑρος – Éros, neto de῾Ἑρος - Éros, **seus cabelos e suas vestimentas são egípcias.**

---

[117] *Ibidem,* p. 152.

[118] *Ibidem,* p. 148.

É por tudo isto que o número 4 é a soma das unidades de registro gregas. A imensa diferença entre o número 16 (cultura egípcia) e 4 (cultura grega) no quadro acima, nos prova que **esta estela funerária é toda egípcia exceto pelo epitáfio e o nome do morto escrito em língua grega.**

Em resumo, trata-se de uma iconografia funerária na qual o morto, sem dúvida grego (ver sua genealogia) adotou, sobretudo, a religião (ver os deuses e a oferenda) mas igualmente o penteado e a vestimenta egípcios. Para terminar, podemos afirmar a identidade de origem grega do falecido, quando a Professora Françoise Dunand nos diz que[119]:

> Quaisquer nomes conservados são na maioria nomes gregos: **Artemidoros, Eutyche, Hermi- noe e Eirene** [...], (na época imperial, numerosos egípcios tinham nomes gregos). [120]

Entretanto, nem o nome **grego** Ἀπολλῶνιος – **Apollônios** nem o nome de Ἔρος – Éros foram mencionados. Portanto, **o defunto desta estela é grego.**

---

[119] *Ibidem*, p. 142.
[120] Nomes em negrito destacados por mim.

CAPÍTULO VIII

ALTOS RELEVOS DAS CATACUMBAS DE KOM EL-SHUGAFA (ALEXANDRIA)

Como se trata de um local funerário (catacumbas) o deus representado abaixo é Anúbis, cujas duas mais importantes atividades desde a época faraônica eram o embalsamamento e ser guardião das necrópoles.

Esta imagem é fundamental para este trabalho porque ela significa o embalsamamento dos proprietários destes túmulos (as Catacumbas de Kom el-Shugafa), que são romanos, com a representação de Osíris deitado diante de Anúbis e cercado por outros deuses faraônicos. Isto mostra a **forte egipcianização** que atingiu os **cidadãos romanos em Alexandria,** no final do século I ou no início do século II d.C. Sabe-se que os proprietários são romanos por causa das suas estátuas nas suas catacumbas. Eles usam vestimentas gregas, entretanto, seus penteados são romanos.[121]

---

[121] EMPEREUR, Jean Yves in: *op. cit.,* p. 158-159.

Figura 20 - Anúbis Embalsamador[122]
Proveniência e Localização atual: Catacumbas de Kom el-Shugafa, Alexandria.
Data: final do século I – início do século II d.C.

Fonte: EMPEREUR, Jean-Yves. Alexandria Rediscovered. Londres: British Museum Press, 1998, p. 164

Embora esta iconografia funerária esteja na helenizada e romanizada cidade de Alexandria, vemos uma cena tipicamente egípcia, salvo pela vestimenta longa drapeada de Anúbis. Ser drapeada é uma característica da cultura grega ou romana.

Anúbis embalsama simbolicamente Osíris. Sobre a cabeça de Anúbis vemos o disco solar (o deus Rá) cercado por duas *uraei* (as cobras protetoras) e segura na sua mão esquerda um vaso canopo. Trata-se de quatro vasos que guardam os principais órgãos do morto: os pulmões, o estômago, os intestinos e o fígado. Anúbis segura um destes vasos. Os outros três estão sob o leito funerário. Os quatro vasos canopos são protegidos pelos deuses Amset (o fígado) com a cabeça humana; Quebesenuf (os intestinos) com a cabeça de falcão; Hapi (os pulmões) com a cabeça de babuíno e Duamutef (o estômago) com a cabeça de chacal.

---

[122] *Ibidem* (Iconografia e descrição deste autor), p. 164.

À direita da cena, vemos o deus escriba Thot, que usa uma coroa *atef*, em realidade o símbolo do deus Osíris e, à esquerda, o deus Hórus que porta sua coroa *pschent*, a superposição da coroa branca do Alto Egito (o vale do Nilo) sobre a coroa vermelha do Baixo Egito (o delta do Nilo) (poder sobre todo o Egito). Lembro que o faraó vivo é Hórus e morto é Osíris.

Quadro 18 - Quadro de Leitura e Análise da Iconografia

Culturas	Categorias Temáticas	Unidades de Registro	Unidades de Numeração
Egípcia	deuses	Anúbis, Osíris, Rá, Thot, Hórus	5
	coroas	Atef, Pschent	2
	vasos canopos (deuses protetores)	Hapi, Amset, Qebesenuf, Duamutef	4
Grega	indumentária	longa e drapeada	2
Romana	-	-	0

Fonte: o autor

Explicação do Quadro

Embora as Catacumbas de Kom el-Shugafa encontrem-se em Alexandria, a iconografia funerária acima é uma imagem mortuária totalmente egípcia, salvo pela indumentária de Anúbis que é grega ou mais provavelmente romana pela data das catacumbas (final do século I – início do II d.C.). A unidade de numeração com relação aos registros da categoria temática "deuses" soma o número 9, quer dizer que há 9 deuses faraônicos, aí incluídos os quatro que protegem os vasos canópicos. As coroas também são apresentadas na iconografia, aquela de Osíris *(atef)* embora usada por Thot e a *(pschent)* ou coroa de Hórus, usada por ele, senhor das duas terras do Egito, a Alta (o vale) e a Baixa (o delta). Portanto, vemos que **a egipcianização é bem representativa e o helenismo, apesar de em Alexandria, quase não existe.** Com relação à **romanização, ela não é encontrada lá.**

Em resumo, embora saibamos que os proprietários destas catacumbas fossem romanos, a iconografia funerária ora analisada não os mostra. Por conseguinte, diferentemente das outras imagens mortuárias deste trabalho, esta aqui não representa nenhum defunto e **não podemos falar da miscigenação cultural de uma imagem que é toda egípcia,** à exceção da vestimenta romana de Anúbis. No máximo, podemos citar uma pequena mistura entre as culturas grega e faraônica. Contudo, é muito importante indicar que as catacumbas pertencem a proprietários romanos, têm imagens funerárias bastante egipcianizadas e em Alexandria. Isto nos mostra o poder de "resistência" da cultura faraônica durante o domínio romano do Egito.

Figura 21 - Anúbis como legionário romano[123]
Proveniência e Localização atual: Catacumbas de Kom el-Shugafa, Alexandria.
Data: final do século I – início do século II d.C.

Fonte: SEIDEL, Matthias; SCHULZ, Regine (eds.). Egipto. El mundo de los faraones. Potsdam – Alemanha: H.F. Ullmann – Tandem Verlag GmbH, (edição espanhola), 2007, p. 314

---

[123] SEIDEL, Matthias; SCHULZ, Regine (ed.) (Iconografia e descrição parcial destes autores) (tradução minha do espanhol para português). *Egipto. El mundo de los faraones*. Potsdam – Alemanha: H.F. Ullmann – Tandem Verlag GmbH, (edição espanhola), 2007. p. 314.

Como se vê acima, há uma outra imagem nas Catacumbas de Kom el-Shugafa, na qual Anúbis está em sua função de guardião das tumbas. Neste caso, nos damos conta, finalmente, **da presença da romanização de uma Alexandria romanizada.** O deus está vestido como um soldado (legionário) romano e tem na sua mão esquerda uma lança, embora haja um disco solar (o deus faraônico Ra) sobre a sua cabeça. Trata-se, uma vez mais, de um caso de miscigenação cultural, com a preponderância da cultura romana ao lado do deus faraônico Anúbis: sua vestimenta como soldado do império. Este é um caso típico **de empréstimo cultural.**[124]

---

[124] Palavras em negrito, sempre destacadas por mim.

CONCLUSÃO

O âmago da conclusão, quer dizer, seu ponto principal, é responder a seguinte questão: houve realmente uma miscigenação cultural no Egito Romano, de acordo com estas iconografias funerárias? Eu faço referência às culturas egípcia, grega e romana, com relação aos falecidos analisados neste trabalho e seus respectivos artefatos mortuários: sarcófagos com os retratos dos defuntos; máscaras mortuárias; mortalhas e estelas funerárias.

Há outras duas questões a serem formuladas para alcançar à pergunta acima, posto que elas são o cerne necessário para preencher o conteúdo da questão principal. São elas: 1) por que certos indivíduos gregos e romanos adotaram os costumes egípcios assim como a tradição funerária faraônica? 2) por outro lado, por que alguns egípcios assimilaram as tradições gregas e romanas?

Para responder a estas questões, é necessário examinarmos as iconografias funerárias as quais eu analisei durante todo este trabalho e observarmos bem os quadros de leitura e análise e as explicações destes quadros tanto quanto as descrições das imagens.

A questão "1" nos é respondida por dois ensinamentos da Professora Dunand[125], já mencionados nesta obra, quer dizer com relação aos gregos e romanos que adotaram a cultura funerária egípcia. São elas: a) "No Egito, os ritos funerários da época romana permanecem fortemente marcados pela tradição faraônica."

Isto atinge gregos, romanos, mas também os egípcios: b) "A partir da época ptolomaica, os gregos, e em seguida os romanos, adotam, pelo menos em parte, os ritos e as crenças dos egípcios. Para se fazer enterrar "ao modo egípcio" [...]".

Isto é específico para gregos e romanos.

Com relação à questão "2", no que tange aos egípcios que adotaram as culturas grega e romana? Para esclarecer a resposta a esta questão, é necessário afirmar que se trata dos casos nos quais os

---

[125] DUNAND, Françoise. *Le Matériel Funéraire, in: op. cit.*, p. 152.

egípcios desejaram ascender na escala social. A Professora Dunand igualmente nos responde esta ideia, dizendo-nos que: "[...] na época imperial, numerosos egípcios usam nomes gregos [...], como por exemplo [...] Artemidoros, Eutyche, Herminoe e Eirene [...]".[126]

A meu ver, eles faziam isso para atingir os níveis mais altos de um status social.

Sabemos, por exemplo, que os egípcios aprendiam a língua grega; entretanto, os gregos não se interessavam pela língua egípcia. Ser "grego" ou "romano" era importante para um egípcio.

Retomando a questão dos nomes gregos, a identidade adquirida por esses nomes tentava "transformar", ao menos parcialmente, um egípcio em um grego, por exemplo. Entretanto, não são somente os nomes, mas também as vestimentas e os penteados gregos e romanos que ajudavam um egípcio a se tornar um grego ou um romano. Os retratos nos casos dos sarcófagos forneciam igualmente a aparência romanizada do defunto, visto que os retratos (uma das mais importantes representações da arte romana) tinham por objetivo retratar a imagem do morto o mais próximo daquela que ele teve durante a sua vida. Isto significa que um retrato romanizado, claro, mostrava um morto romanizado.

Os exemplos são bem apresentados nos capítulos acima, a partir da análise das 17 iconografias funerárias (com 3 defuntos egípcios, 7 gregos, 1 entre eles era também cidadão romano e 7 mortos romanos) = 17 falecidos cujas imagens mortuárias foram analisadas acima.

Entre as 17 iconografias funerárias (que pertencem aos mortos) analisadas nesta obra, 4 são sarcófagos com os retratos do defunto, 4 são máscaras mortuárias, 2 são mortalhas e 7 estelas funerárias.

Uma 18ª iconografia (das catacumbas de Kom el-Shugafa em Alexandria) somente nos mostra deuses egípcios, entretanto, trata-se na prática do embalsamamento de um casal romano (proprietários das tumbas), porém não aparecem nesta imagem, como já expliquei

---

[126] *Ibidem*, p. 142.

quando eu a apresentei. Além disso, há uma 19ª imagem de Anúbis vestido como soldado romano. E, por fim, há uma 20ª imagem, que nos ilustra a psicostasia.

Eu trabalhei com três partes da apresentação de cada imagem mortuária citada acima. Incialmente, sempre após ter mostrado a iconografia apresentada e descrita pelos autores mencionados nas notas de rodapé, eu as descrevi de acordo com estes mesmos autores. A cada apresentação (após a descrição), acrescentei um *quadro de leitura e análise da iconografia* criado por mim e, por fim, a minha explicação do quadro.

Este quadro, aliás, é uma novidade deste estudo porque nas obras que usam as iconografias funerárias de meu trabalho, eu não encontrei em nenhuma delas (ao menos aquelas que eu pesquisei) este tipo de quadro e suas explicações para descrever a imagem mortuária por completo.

É necessário esclarecer, entretanto, que com relação às fontes funerárias, introduzi temas que foram importantes para esta pesquisa. As Iconografias Funerárias e suas Análises e a Psicostasia: a pesagem do coração *ib* com a pluma da deusa Maat. No primeiro caso, tratava-se de apresentar antes dos capítulos com relação às imagens mortuárias, o uso do quadro de leitura e análise, parte da metodologia da Análise de Conteúdo. No segundo caso, eu acrescentei uma imagem da psicostasia de Hunefer, (escriba do faraó Seth I – XIX Dinastia e século XIII a.C.), porque três iconografias funerárias nos lembram (uma mortalha e duas estelas) a passagem do morto pelo tribunal no qual o coração simbólico *ib* do morto era pesado com a pluma da deusa Maat no caminho do falecido em direção ao mundo do Além.

Neste trabalho eu não tive somente 17 fontes mortuárias (com o defunto) do Egito Romano (âmago desta obra, é verdade), entretanto, eu também apresentei nos dois primeiros capítulos as questões de "A cultura do Egito Romano: Romanização, Helenismo, Egipcianização, Hibridismo Cultural e Multiculturalismo" e "O Poder e a Sociedade do Egito Romano: Etnias e Identidades".

Eu decidi fazê-lo porque este trabalho tratou igualmente dos processos de romanização, helenismo e egipcianização no Egito Romano e eu deveria explicá-los antes de começar a analisar as iconografias funerárias, porque os três conceitos apareciam nestas imagens. Do mesmo modo, foi necessário tratar do hibridismo cultural (sobretudo mencionar o empréstimo cultural) porque este assunto fazia parte das iconografias do cerne desta obra. O tema do multiculturalismo era do mesmo modo uma parte pertinente a esta pesquisa, pois analisei as culturas egípcia, grega e romana no Egito Romano, a partir das iconografias mortuárias aqui analisadas.

Resta ainda falar do poder e da sociedade da província do rio Nilo, com relação aos temas das etnias e identidades se pensarmos nos mortos representados nestas iconografias igualmente aqui estudadas.

Portanto, estes dois capítulos teóricos foram indispensáveis para o desenvolvimento desta obra. Resta ainda a última questão, aliás o âmago deste livro. Houve verdadeiramente uma miscigenação cultural no Egito Romano entre as culturas egípcia, grega e romana?

A análise das fontes funerárias trazidas para esta pesquisa nos prova que sim, houve esta miscigenação cultural. É necessário esclarecer que um só componente de uma cultura não constitui uma miscigenação. É fundamental haver vários, entretanto, se observarmos com atenção os quadros de leitura de análise das iconografias, vemos as culturas: egípcia, grega e romana. **Portanto, podemos garantir a miscigenação cultural no Egito Romano.**

ANEXOS

MAPAS

Figura 22 - Mapa do Egito Grego e Romano[127]

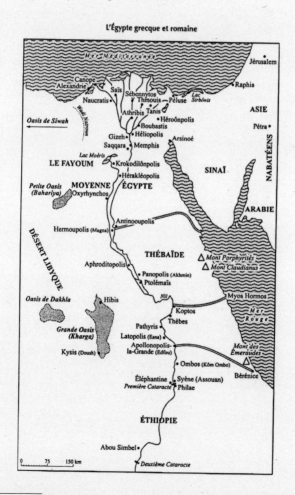

[127] LEGRAS, Bernard. *Op. cit.*, p. 193.

Figura 23 - Mapa do Fayum[128]

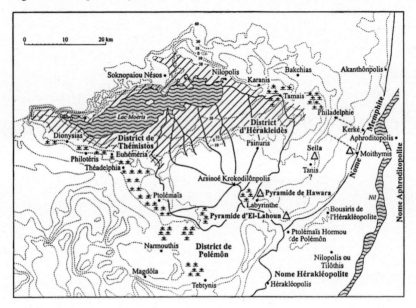

---

[128] *Ibidem*, p. 194.

REFERÊNCIAS

AUBERT, Marie-France; CORTOPASSI, Roberta; NACHTERGAEL, Georges; AMORÓS, Victoria Asensi; DÉTIENNE, Pierre; PAGÈS-CA-MAGNA, Sandrine et LE HÔ, Anne-Solenn. **Portraits funéraires de l'Égyte romaine. Cartonnages, linceuls et bois.** Paris: Éditions Khéops / Musée du Louvre Éditions, 2008.

BAGNALL, Richard Siddoway; The Fayum and its people. *In:* WALKER, Susan; BIERBRIER, Morris. **Ancient Faces. Mummy Portraits from Roman Egypt.** Londres: The British Museum Press, 1997.

BAKHOUM, Soheir. **Dieux Égyptiens à Alexandrie sous les Antonins. Recherches Numismatiques et Historiques.** Paris: CNRS Éditons, 1999.

BALLET, Pascale. **Grecs et Romains en Égypte. Territoires, espaces de la vie et de la mort, objets de prestige et du quotidien.** Le Caire: Institut Français d'Archéologie Orientale, 2012.

BERELSON, Bernard. **Content analysis in communication research.** New York: New York University Press, 1952.

BOWMAN, Alan K. **Egypt after the Pharaohs. 332 BC – AD 642 from Alexander to the Arab Conquest.** Londres: British Museum Press, 1986.

BRICAULT, Laurent. **Atlas de la Diffusion des Cultes Isiaques (IVe S. AV. J.-C. – IVe S. APR. J. -C.).** Mémoires de l'Académie des Inscriptions et Belles-Lettres. Tome XXIII. Paris: Diffusion de Boccard, 2001.

BURKE, Peter. **Hibridismo Cultural.** São Leopoldo – Rio Grande do Sul: Editora Unisinos, 2006.

CARDOSO, Ciro Flamarion. **Análise de Conteúdo. Método Básico.** Texto do curso Técnicas e Métodos I ensinado pelo Professor Doutor Ciro Cardoso. Niterói – Rio de Janeiro: Curso de Doutorado. Programa de Pós-Graduação em História da Universidade Federal Fluminense, 2000.

CORBELLI, Judith A. **The Art of Death in Graeco-Roman Egypt.** Buckinghamshire – Royaume Uni: Shire Publications, 2006.

DUBOIS, Jean-Daniel. **Égypte Romaine. L'autre Égypte.** Marseille: catalogue édité à l'occasion de l'exposition Égypte Romaine, l'autre Égypte, conçue et réalisée par le musée d'Archéologie méditerranéenne, Marseille, 1997.

DUNAND, Françoise. **Grecs et Égyptiens en Égypte lagide.** Le problème de l'acculturation, dans *Modes de contacts et processus de transformation dans les sociétés anciennes.* Pise, Rome, 1983.

DUNAND, Françoise; ZIVIE-COCHE, Christiane. **Hommes et Dieux en Égypte. 3000 a.C. – 395 p.C. Anthropologie Religieuse.** Paris: Éditions Cybèle, 2006.

DUNAND, Françoise. *Le matériel funéraire, in* Égypte Romaine. L'autre Égypte. Marseille: Catalogue édité à l'occasion de l'exposition Égypte Romaine. L'autre Égypte, conçue et réalisée par le musée d'Archéologie méditerranéenne, Marseille, 1997.

EMPEREUR, Jean-Yves. **Alexandria Rediscovered.** Londres: British Museum Press, 1998.

FIRON, Fanny. **La mort en Égypte romaine. De l'encadrement par le pouvoir romain à la gestion personnelle (de 30 av. J.-C. au début du Ive siècle ap. J.-C.).** Milão: Silvana Editoriale, 2020.

GHIGLIONE, R. *et al.* **Manuel d'analyse de contenu.** Paris: Armand Colin, 1980.

KURY, Mário da Gama. **Dicionário de Mitologia Grega e Romana.** Rio de Janeiro: Jorge Zahar Editor, 2003.

L'Égypte Romaine. L'autre Égypte. Catalogue édité à l'occasion de l'exposition *Égypte Romaine. L'autre Égypte,* conçue et réalisée par le musée d'Archéologie méditerranéenne à Marseille du 4 avril jusqu'au 13 juillet de 1997.

LASSWELL, Harold D. *et al.* (org.). **Language of politics. Studies in quantitative semantics.** Cambridge (Mass.): Massachusetts Institute of Technology Press, 1965.

LEGRAS, Bernard. **L'Égypte grecque et romaine.** Paris: Armand Colin, 2011.

LIDDELL & SCOTT'S. **An Intermediate Greek-English Lexicon.** Oxford: Oxford University Press, 1997.

LUNDQUIST, L. **L'analyse textuelle.** Paris: CEDIC, 1983.

P.J. PARSONS (édition, traduction et notes). **The Oxyrhynchus Papyri. Volume XLII.** Londres: Egypt Exploration Society, 1974.

PARKINSON, Richard. **Hunefer and his Book of the Dead.** Londres: The British Museum Press, 2000.

PAUL, André. **O Judaísmo Tardio. História Política.** São Paulo: Paulinas, 1983.

REMY, J. *et al.* (org.). **Méthodes d'analyse de contenu.** Bruxelles: Facultés Universitaires Saint-Louis, 1990.

RIGGS, Christina. **The Beautiful Burial in Roman Egypt. Art, Identity, and Funerary Religion.** Oxford: Oxford University Press, 2008.

ROBERT, André D.; BOUILLAGUET, Annick. **L'analyse de contenu.** Paris: Presses Universitaires de France, 1997. "Que sais-je?" numéro 3271.

SARTRE, Maurice. **L'Orient Romain. Provinces et Sociétés Provinciales en Méditerranée Orientale d'Auguste aux Sévères (31 avant J.C. – 295 apr. J.C.).** Paris: Éditions du Seuil, 1991.

SEIDEL, Matthias; SCHULZ, Regine (eds.). **Egipto. El mundo de los faraones**. Potsdam – Alemanha: H.F. Ullmann – Tandem Verlag GmbH, (edição espanhola), 2007.

SMITH, Anthony D. **The Ethnic Origins of Nations.** Oxford: Blackwell, 1986.

VELHO, Gilberto. Memória, Identidade e Projeto. *In:* VELHO, Gilberto. **Projeto e Metamorfose.** Rio de Janeiro: Zahar, 1994.

WALKER, Susan; BIERBRIER, Morris. **Ancient Faces. Mummy Portraits from Roman Egypt.** Londres: British Museum Press, 1997.